인트로버트 조용한 판매왕

소프트 셀링의 힘

매슈 폴러드, 데릭 루이스 지음 이지연 옮김

문학동네

차례

일러두기

• 단행본과 잡지는 『 』로, 논문과 기사는 「 」로, 노래와 영화 및 TV 프로그램 제목은 〈 〉로 표기했다.

• 인명, 지명 등 외래어는 국립국어원 외래어표기법을 따랐으나 일반적으로 통용되는 표기가 있을 경우 이를 참조했다.

— 주디 로비넷, 『파워 인싸가 되는 법』의 저자

―――――

나는 네트워킹을 아주 싫어한다. 거북하고 작위적이기 때문이다.

아이러니한 일이다. 『포브스』 『패스트 컴퍼니』 『블룸버그』 등은 나더러 "전 세계에서 가장 뛰어난 네트워커 중 한 명"이라고 하기 때문이다. 하지만 나는 내가 하는 일이 '인적 네트워크 형성'이라고 생각하지 않는다. 나는 스스로를 커넥터, '인연을 이어주는 사람'이라고 생각한다. 나는 안면을 터야 할 두 사람을 서로에게 소개해주는 게 즐겁다. 누군가를 만나면 '내가 아는 사람 중에서 이 사람이 하는 일에서 도움받을 수 있는 사람이 누가 있을까'부터 생각해본다. 나는 그저 서로의 전략적 목적에 도움이 될 만한 두 사람을 의도적으로 이어주는 것뿐이다.

자신이 천재라는 사실을 깨닫지 못하고 있는 사람을 만날 때면 나는 특별한 종류의 전율을 느낀다. 어찌된 영문인지 대단한 능력을 가진 사람들(기술자, 예술가, 발명가, 사상가)은 자신의 재능을 좀처럼 알아보지 못한다. 나는 그들이 투자자 앞에서 멋들어진 연설을 할 수 있게 돕는 일이 즐겁다. 그들이 기나긴 프로세스를 하나씩 헤쳐나갈 수 있도록 옆에서 챙기고, 이로 인해 그들이 필요했던 것을 정확히 손에 넣고, 자기 안에 감춰져 있던 마법을 발견함으로써 성공하는 모습을 지켜보는 것이 즐겁다. 나는 남들이 스스로를 홍보할 수 있게 돕는 일이 좋다.

이 역시 참 아이러니한 일이다. 나는 '나 자신'을 홍보하는 것은 정말 질색이기 때문이다.

아이다호 변두리, 인구가 300명밖에 되지 않는 작은 마을에서 자란 나는 아직도 믿기지 않을 만큼 수줍음이 많다. 영화 〈나폴레옹 다이너마이트〉(아이다호의 작은 마을에서 고등학교를 다니는 수줍음 많은 남학생을 주인공으로 한 2004년 개봉 미국 영화—옮긴이) 같았던 고등학생 시절 나는 너무나 내향적이어서 아이들에게 괴롭힘을 당했고, 남의 관심을 끌 만한 행동은 절대로 하지 않았다.

나는 공기업과 사기업의 CEO로 일했지만, 막상 내 사업을 시작했을 때는 결코 유리한 상황이 아니었다. 세상 모든 사람과 모든 물건의 홍보 방법은 알고 있었지만, 나 자신을 홍보하는 법은 몰랐다.

인적 네트워크 형성과 마찬가지로 '세일즈'라는 말도 나에게는 거북하고 작위적으로 느껴졌다. 중고차 판매원이나 야밤의 홈쇼핑 호스트들의 모습처럼 말이다. 나는 나 자신을 홍보하지 않았고, 그러고 싶지도 않았다. 내가 똑똑하고, 좋은 사람이고, 남들에게 정말로 도움이 된다면 저절로 돈도 따라올 거라 생각했다.

이 얼마나 순진무구한 생각인가?

정말로 그랬으면 좋았겠지만, 그건 동화 속에서나 가능한 일이었다. 나의 책 『파워 인싸가 되는 법』이 큰 반향을 일으키면서 (『Inc.』 선정 2014년 올해의 책 10 안에 들었다) 강연 요청이 쇄도했다. 유료 강연이 처음이었던 나는 스스로를 과소평가했고, 턱없이 낮은 강연료를 받으며 지나치게 많은 일을 했다. 누가 강연료를 물어보면 나는 얼어붙은 사람처럼 입이 떨어지지 않았고, '그저' 45분 떠드는 것에 대한 대가로는 나름대로 큰돈이라 생각했던 금액(실제로는 적은 돈)을 불렀다.

고객들은 고마워했다. 고객들은 나를 좋아했고 나도 그들을 좋아했다. 하지만 내 강연이 고객들에게 아무리 큰 도움을 주어도 내 은행 잔고는 내가 전달하는 가치에 미치지 못하는 듯했다.

그러던 어느 날 나는 우연히 '소프트 세일즈'에 관한 글 한 편을 보게 됐다. 그때까지 내가 읽어본 것들을 통틀어 세일즈에 관한 진정성 있는 접근법을 보여준 최고의 글이었다. 저자의 이름은 '매슈 폴러드'.

매슈가 쓴 다른 글들을 읽고 그와 직접 대화까지 나눠보면서 '이 사람은 믿을 수 있겠구나'라는 느낌을 받았다. 영업 전문가임에도 불구하고 매슈는 유창한 언변으로 나에게 무언가를, 실은 아무것도, '팔려고' 하지 않았다. 그는 사람을 이용하려 들지 않았다. 사람을 속이려 들지 않았다. 그는 정말로 도움이 되고 싶어 했다. 그가 일하는 방식이 바로 내가 원하는 방식이었다. 나는 진정으로 서로를 필요로 하는 사람들을 이어주고 싶었다.

매슈는 영업에 관해 내가 갖고 있던 고정관념들을 깼다. 예컨대 나는 단순히 '45분짜리 강연'이라고 생각했지만, 실제로 거기에는 기조연설을 하기 위해 새로 쓰거나 수정하는 원고의 준비 기간, 최소 이틀 이상이 걸리는 출장 기간, 해당 일정 동안 다른 고객과 일했을 때의 기회비용 등이 포함되어 있었다. 그리고 이는 강연을 통해 공유하는 통찰이나 경험이 갖는 가치, 강연 후 참석자들과 나누는 일대일 토론의 가치 등은 아직 고려하지도 않은 것이다.

아무도 나를 고용하려 들지 않은 것도 무리가 아니었다. 나는 지나치게 저렴했다!

내향적인데다가 여성으로서 늘 남을 먼저 배려하라고 배웠던 나는 본능적으로 "강연료가 얼마예요?"라는 질문을 회피하고 있었다. 여러 기업의 경영자를 지냈음에도 나는 내 사업에 대한 기본적 질문에조차 자신 있게 답할 수 없었던 것이다.

매슈가 알려준 한 문장이 '이 모든 걸' 바꿔놓았다.

누군가 먼저 가격을 들먹이기 전에 나는 이렇게 선수를 쳐버렸다. "저한테 연락을 주시거나 저를 행사 강연자로 고려하셨을 때는 분명 비용에 관해서도 생각해보셨을 텐데요. 어느 정도의 예산을 염두에 두셨나요?"

대화 분위기가 역전되는 것을 느낄 수 있었다. 내 쪽에서 가격을 소심하게 들이미는 게 아니라, 이제는 상대가 나를 고용할 수 준의 예산이 있는지 증명하려고 애썼다.

나는 다음과 같은 답을 듣기 시작했다.

"X만 원 내외가 아닐까 생각하고 있는데요."

"예산이 Y만 원을 넘어가면 조금 힘들 것 같아요."

"아마 이것보다는 더 받으실 줄 알지만, 그래도 혹시 Z만 원에 해주실 수 있을까 해서 연락드렸습니다."

그들이 들먹이는 가격은 당시 내가 받던 것보다 '서너 배'나 많은 금액이었다. 그리고 가장 좋았던 것은 내가 거북하지 않았 다는 점이다. 나는 사기꾼이 된 것 같다거나 상대를 속여서 돈을 가로챈다는 기분이 들지 않았다. 솔직히 말해서 그 정도는 아주 합당한 금액이었다.

바버라 조던(인권 운동에 앞장섰던 미국의 흑인 여성 정치가—옮긴 이)은 이렇게 말했다. "게임을 제대로 하고 싶다면 규칙을 남김없 이 알고 있어야 한다." 나는 게임을 하고 있었고 나만 빼고 모두가 이기고 있었다. 매슈는 내가 놓친 규칙이 무엇인지 알려주었다. 나는 내 능력을 영업하는 법을 배웠다. 그러면서도 여전히 진정성 있고, 정당하고, 사람들에게 도움을 준다고 느낄 수 있었다. 그때 그 매슈의 글을 읽었을 때처럼 말이다. 그리고 이번에는 나도 이 게임에서 이기고 있다는 기분이 든다.

요약하자면 매슈의 영업 시스템은 퍼즐의 모든 조각을 맞춰서 내가 꿈꾸던 사업을 내 손에 쥐여주었다. 매슈의 프로세스를 믿고 따라가보라. 당신 손에 무엇이 쥐어질지 지켜보라.

1장

영업 기술은 타고나는 게 아니다

현대 비즈니스 사회에서는
아무리 창의적이고 독창적인
아이디어라 해도, 남을 설득하지 못하면
아무 소용이 없다.

- 데이비드 오길비, 『나는 광고로 세상을 움직였다』

The Introvert's Edge

알렉스 머피가 꿈꿔왔던 성공은 빠르게 악몽으로 바뀌고 있었다.

알렉스는 친척 둘에게서 돈을 빌려 영상 촬영 스튜디오를 차렸다. 전문 카메라 장비와 최첨단 소프트웨어, 붐 마이크, 유능한 직원들, '골든 암 미디어'는 모든 걸 갖추고 있었다.

영업만 빼고 말이다.

영업은 사업주이자 회사의 얼굴인 알렉스의 몫이었다. 그러나 안타깝게도 전문 기술자로 커리어를 시작해 훗날 그 기술로 자기 사업을 차리는 수많은 사람들이 그렇듯이 알렉스도 영업에는 재주가 없었다. 사실 내향적인 알렉스는 영업을 싫어한다는 표현이 맞았다.

중학교를 마친 후부터 알렉스는 눈에 띄게 말을 더듬었고 그로 인해 자신감이 부족해졌다. 원래도 수줍음을 타던 알렉스는 이후 더욱더 낯선 사람들과는 평범한 대화조차 기피하게 되었다. 고등학교와 대학교를 졸업할 때까지도 알렉스는 사람들과 어울리는 것이 불편했다.

그로부터 몇 년 후 알렉스는 맨땅에 헤딩하듯이 자신의 스튜디오를 차리게 됐다. 알렉스의 스튜디오는 고객이 이미 확보되어 있는 안정된 회사가 아니었다. 그는 고객 포트폴리오를 가지고 다른 회사에서 독립한 것도 아니었고, 도움이 될 만한 사람이나 회사를 많이 알지도 못했다. 그는 아무것도 없는 맨땅에서 처음부터 고객 명단을 하나씩 만들어가야 했다.

그러니까 정리하자면, 알렉스는 타고난 성격이 내향적인데 말더듬증(스트레스를 받으면 더 악화되었다)이 있고, 의미 없는 대화를 기피하며(내향적인 사람들이 보통 이렇다), 자아가 왜곡되어 자신감이 부족했다. 그로 인해 새로운 인간관계를 맺는 게 쉽지 않았던 알렉스가 이제는 완전히 낯선 사람들에게 무형의 서비스를 팔지 못하면 생계가 위태로운 상황에 내몰린 것이다. 파국으로 향하는 길처럼 느껴지지 않는가?

파국이었다.

잠재고객이 찾아오거나 전화를 걸어왔을 때 알렉스는 영상 촬영과 일 얘기 말고는 달리 뭘 해야 할지 알 수가 없었다. 잠재고객이 가벼운 대화를 시도하거나 우연히 개인적인 얘기라도 털어놓을라치면 알렉스는 그대로 입을 꾹 다물어버렸다. 그러면 부자연스럽고 긴 침묵이 이어졌고, 양측 모두 우연히 걸려든 이 어색한 상황을 빠져나갈 방법을 궁리해야 했다.

흔히 '사람은 자기가 좋아하는 사람과 비즈니스를 한다'고 말한다. 내가 알렉스와 직접 몇 시간을 보내보니 그는 충분히 호감이 갈 만한 사람이었다. 하지만 영업을 해야 하는 상황이 되면 알렉스는 신뢰, 특히 영상 촬영처럼 전문적인 개인 맞춤형 서비스를 구매하려는 사람과의 관계에서 꼭 필요한 신뢰를 구축하기는커녕, 잠재고객과 기본적인 교감을 나누는 것조차 어려워했다.

그러니 영업이 잘될 턱이 없었다.

당신의 내향성은 틀리지 않았다

우리처럼 내향적인 사람들이 살아가는 이 세상은 (적어도 서구 문화에서는) 외향적인 사람처럼 행동하는 것을 높이 산다. 우리는 존경하는 리더를 묘사할 때 흔히 그가 외향적이고, 매력 넘치고, 카리스마 있다고 말한다. 성공한 사람들은 외향적으로 보이고, 외향적으로 행동한다. 그래서 우리는 외향적인 사람을 모범으로 삼아야 한다고 믿는다.

그런데 이는 여러분이나 나 같은 내향적인 사람들에게는 좋은 일이 아니다. 그런 모습은 우리의 정체성에 반하고, 우리의 성향이나 사고방식과도 맞지 않다. 물론 외향적인 척하면서 내향적 성격을 숨기는 요령을 터득할 수는 있다. 하지만 결국엔 DNA에서 벗어날 수는 없다. 뼛속까지 내향적인 사람더러 행사장 가득한 사람들과 악수를 나누며 돌아다니라고 하는 것은 퍼포먼스 예술가에게 회계 업무를 시키며 신나는 기분을 느껴보라고 요구하는 것과 같다. 그건 그냥 본성에 맞지 않는 일이다.

카를 융은 관심의 초점이 내면에 가 있는 사람을 내향적인 사람, 외부 활동을 중시하는 사람을 외향적인 사람으로 정의했다. 그리고 각 유형의 사람들이 어떤 식으로 자신의 에너지를 이끌어내는지도 설명했다. 내향적인 사람은 혼자 있는 시간을 통해 에너지를 끌어내고 외향적인 사람은 타인으로부터 에너지를 이끌어낸다고 말이다. 그렇다면 내향적인 사람은 실제로 사람들과 어울리거나 관객 앞에서 무언가를 할 때는 에너지를 소모하고, 주로 혼자 있을 때 에너지를 재충전한다는 뜻이다. 반면에 외향적인 사람은 혼자서도 문제는 없으나 친구들과 놀러 다니거나 사람들이 많은 곳에 감으로써 에너지를 충전한다.

내 경우를 예로 들어보자. 무대 위에 있거나 질문을 받거나 워크숍을 진행하는 동안은 내가 외향적인 사람처럼 보일 수도 있다. 하지만 집에 오면 나는 전화기를 끄고 TV를 켠 다음 다른 조명이나 TV 소리 외의 어떤 소음도 없이 몇 시간 동안 혼자 앉아 있는다. 그렇게 멍한 상태로 에너지를 충전한다. 나는 사람들을 돕는 게 좋지만, 다른 사람과 소통하는 일은 나의 에너지를 고갈시킨다. 반면에 내 동료 중에는 얼른 강연을 끝내고 내려와 번화가에서 밤문화를 즐길 시간만 기다리는 이들도 있다.

알렉스의 경우를 살펴보면 학자들은 내향적인 사람들이 수다나 잡담을 싫어하고 중요한 문제, 혹은 흔히 말하는 '의미 있는 대화'를 선호한다고 지적한다. 일하러 와놓고 어젯밤 경기에서 어느 팀이 이겼는지가 뭐가 중요하단 말인가?

또다른 내향적인 사람들의 숨길 수 없는 특징 중 하나는 일부 전문가들이 '내적 성찰'이라고 부르는 것이다. 내향적인 사람들은 무언가를 입 밖에 내기 전에 생각을 아주 많이 한다. 내게 코칭을 받는 고객 한 명은 질문 하나에 답하는 데 너무 뜸을 들여서 도중에 전화가 끊긴 것인지 아니면 이 사람이 생각하는 중인지 알 수 없어 결국 화상회의로 연락 방법을 바꾼 사례도 있다. 반면에 외향적인 사람들은 그냥 '생각나는 대로 말해버리는' 경우가 흔하다. 하지만 이렇게 수다나 가벼운 대화를 싫어하면 어딘가 서툴거나 꺼려하거나 무관심하거나 반사회적이거나 혹은 대놓고 무례한 것처럼 비칠 수 있다. 우리는 절대 그런 사람이 아니지만, 상대에게는 그렇게 비친다.

알렉스도 자신이 그런 사람이라고는 생각지 않았다. 알렉스는 그저 진지하게 업무에 임하는 것뿐이었다. 어쨌거나 그러려고 여기에 있는 것 아닌가. 자녀의 연주회나 가족의 주말 계획에 관한 이야기를 늘어놓는 고객을 만나면 알렉스는 뭘 어떻게 해야 하는지 알 수가 없었다. 그런 대화는 궁극적으로 영상 촬영 미팅에서 별로 중요하지 않은 요소였다. 책상을 사이에 두고 알렉스와 잠재고객은 서로 딴청을 피우고 있는 것이나 다름없었다. 그러다보니 미팅을 진행하는 과정이 양측 모두에게 어색한 자리가 되는 일이 잦았다.

필요한 정보를 모두 취합하고 잠재고객을 보내고 나면 알렉스는 사무실로 돌아가서 몇 시간 동안 공들여 제안서를 작성했다. 때로는 제안서 길이가 30페이지씩 되기도 했다. 제안서가 완성되면 알렉스는 잔뜩 기대를 안고 이메일을 보냈다. 그러나 며칠, 몇 주 혹은 몇 달 후에서야 돌아온 답은 다른 사람을 구했다는 내용이었다.

알렉스의 꿈이 저만치 떠내려가고 있었다. 가까스로 확보한 몇몇 고객으로는 청구서를 감당하기도 벅찼다. 창업 자금은 빠른 속도로 고갈되고 있었다. 알렉스는 아버지에게서 돈을 빌리고 아내의 신용카드를 최대 한도까지 모두 끌어다 썼다. 두 사람은 알렉스의 회사 직원이기도 했다. 회사가 망한다면 재무적 타격만이 문제가 아니라 당장의 생계가 막막할 터였다. 빨리 타개책을 찾지 못하면 모든 사업 실패자들이 겪는 냉혹한 현실을 마주하게 될지도 몰랐다. 밀린 청구서들은 쌓이고, 직원들을 내보내야 할 것이며, 결국에는 영영 회사 문을 닫아야 할 것이다. 나중에 알렉스의 아내 세라는 나에게 '과로에도 불구하고 성과는 나오지 않으니 오만 정이 다 떨어졌다'고 털어놓았다. "정말, 정말 일하고 싶지 않은 회사였어요."

당시 알렉스의 심정은 단순히 '절박하다'는 표현으로는 부족할 지경이었다.

그리고 그 절박함은 다시 또 악순환을 낳았다. 형편이 어려워질수록 알렉스는 새로운 일감 앞에서 더욱더 초조해졌다. 여러분도 절박함의 냄새를 물씬 풍기는 영업자를 만나본 적이 있을 것이다. 알렉스의 절박함을 눈치챈 잠재고객들은 종종 그걸 이용해 가격을 후려치거나 더 많은 요구를 해왔다. 하지만 그런 요구에 응하면 오히려 고객은 알렉스가 과연 이 일을 해낼 능력은 있는지 의구심을 가졌다.

이런 의문 말이다. 이 사장의 자신감이 결여된 것은 절박하기 때문일까? 아니면 익숙한 분야가 아니었기 때문일까? 만약에 절박한 거라면 실력이 아주 뛰어난 회사는 아닐 것이다. 그렇지 않은가? 망해가는 회사에 일을 맡기고 싶은 사람은 아무도 없다. 제발 하나만 사달라고 애걸복걸하는 판매원에게서 물건을 사고 싶은 사람은 아무도 없다. 만약 익숙한 분야가 아닌 거라면 경험이 부족하다는 뜻일 것이다. 우리는 누구나 검증된 사람(그리고 내일 찾아와도 그대로 있을 사람)에게 일을 맡기고 싶다.

알렉스는 새로 알게 된 지인을 통해 나를 소개받았다. 알렉스가 그동안 해왔던 작업물들을 살펴보니 그는 놀라운 재주를 가지고 있었다. 다만 영업 기술은 신통치 않았다. 나는 알렉스와 같은 개인사업가를 만나면 안쓰러운 마음부터 든다. 기업 고객과 일하는 것도 좋아하지만 그럴 경우에는 이미 성공한 기업을 더 성공하도록 도울 뿐이다. 반면에 개인사업가와 함께할 때면 내 영혼까지 풍요로워지는 느낌이 든다. 나의 노력으로 한 사람의 인생이 바뀔 수도 있다는 사실을 알기 때문이다. 넘치는 능력과 열정, 재능, 신념을 가진 사람이 스스로를 믿고 자기 사업을 시작한다는 것은 대단한 용기다. 그런 사업가들이 꿈을 목전에 두고 실패하는 모습을 목격할 때면 가슴이 찢어진다. 부부 둘이서 가게를 열었는데 손님은 오지 않고 끝내 가게문을 닫는 모습을 여러 번 보았다. 기술자의 장비는 창고에서 놀고 있고, 집에서 일하는 프리랜서는 달력이 텅텅 비어 결국은 옛 고용주 밑으로 다시 들어가야 하는 모습도 많이 보았다. 그게 가족 전체에게 얼마나 큰 스트레스일까. 모아둔 노후 자금은 사라지고, 대출 기한은 돌아오고, 꿈은 산산조각나고, 이혼을 하고. 어릴 때 내 친구네 가족도 바로 이런 일을 겪었다. 친구네 부모님은 그동안 알뜰살뜰 모은 돈으로 늘 꿈꾸던 식당을 열었다. 개업식 날 사람들이 얼마나 신나했는지, 그 가족의 미래가 얼마나 밝아 보였는지 기억한다. 일 년쯤 지났을 때 친구네 부모님은 사이가 좋지 않아 보였다. 몇 달 후 친구네 부모님은 식당을 폐업했고 결국 이혼했다. 친구의 아버지는 다른 도시로 이사갔고, 나는 친구를 이전의 반만큼밖에 볼 수 없었다. 소규모 사업체는 그 규모가 작더라도, 좋은 쪽으로든 나쁜 쪽으로든, 인생을 송두리째 바꿔놓을 수 있다.

훌륭한 상품이나 서비스가 있고, 그걸 좋아하는 고객이 있으며, 영혼을 쏟아붓는 기업가가 있는데도 왜 그토록 많은 사업체가 망하는 걸까? 해당 기업가에게 물어본다면 가장 큰 문제점은 다른 모든 사업과 똑같다고 답할 것이다. 충분한 고객을 확보하지 못했거나 더 많은 손님이 필요하다고 말이다.

나는 영세 자영업자나 기업가들과도 함께 일했고, 대기업의 설립자나 고위 경영자들에게 컨설팅 서비스를 제공하기도 했으며, 수백만 달러짜리 기업 여러 개를 설립했다. 지금은 국제 중소기업 박람회도 운영중이다(이 박람회는 『Inc.』에서 중소기업들이 '반드시 참석해야 할 박람회 톱 5' 중 하나로 뽑히기도 했다). 그런 내가 이제부터 여러분이 가슴속 깊은 곳에서는 어쩌면 이미 알고 있거나 의심해본 적 있는 무언가를 털어놓으려고 한다. 내향적인 사람이 성공하는 길은 외향적인 사람의 길과는 좀 다르다는 사실 말이다.

우리는 그들과 다르며, 이를 있는 그대로 받아들여야 한다.

영업 없이는 아무것도 팔지 못한다

━━━

영업의 신 레드 모틀리는 이렇게 말했다. "누가 무엇이든 팔아야 모든 게 시작된다." 그렇지만 나는 이 말에 반대할 수밖에 없다. 내 경우에는 그동안 누군가 뭘 팔지 못해서 수많은 일이 일어났기 때문이다.

시각 장애가 있었던 건데 난독증이라는 오진을 받았던 나는 글 읽는 속도가 고등학교를 졸업할 때까지 초등학교 6학년 수준이었다. 거기에 치아 교정기를 끼고 늘 여드름까지 있었던 나는 끔찍이도 수줍음이 많은 성격이 되었고 뭘 하며 살고 싶은지도 몰랐다. 아버지는 나에게 졸업 후 바로 대학에 진학하기보다 일 년간 쉬면서 일을 해보라고 했다. 일 년쯤 진짜 세상을 겪어보고 나면, 무슨 일을 하고 싶고 그래서 뭘 공부해야 하는지 좀더 잘 알 수 있으리라는 얘기였다.

고등학교 졸업을 두 달 남겨두고 나는 주말 아르바이트를 구했다. 멜버른에서 15분쯤 떨어진 곳에서 존(이 책에서는 자주 가명을 썼다)이라는 사람의 조수로 일하는 파트타임 일자리였다. 존은 건설 장비 제조업체 캐터필러의 엔지니어로 있다가 정리해고를 당했다. 이후 부동산 중개업자가 된 존은 엘더스라는 대형 중개업체에 들어가 처음에는 킬모어 지점에서 일하다가 이후 크레이기번에 새 지점을 열었다.

나는 전면에 나서서 고객을 상대하는 사람은 아니었다. 나는 뒤편 책상에 앉아 서류 작업을 하면서 '제발, 제발 나한테 말을 걸지 말아주세요'라는 표정을 짓고 있었다. 나는 눈에 띄고 싶지 않았다. 고객을 상대하며 무언가를 판다는 건 생각만 해도 혼이 쏙 빠질 만큼 무서웠다.

그렇지만 달리 갈 곳도 없고 한동안 그걸로 밥벌이를 해야 할 수도 있었기 때문에 존이 하는 일을 면밀히 관찰했다. 사업가 기질 같은 게 있었던 나는 새 사무실이 차려지는 과정을 지켜보는 게 좋았다. 존은 건물 관리인과 밀당하며 임대료를 협상하고, 수도와 전기를 연결하고, 사무실 자체도 손보기 시작했다.

파티션 설치를 포함한 사무실 리모델링을 맡을 업체들이 와서 견적을 냈다. 금액을 받아본 존은 자신이 직접 리모델링을 하면 비용을 절약할 수 있다고 판단했다. 무엇보다 존 자신이 엔지니어 출신이었기 때문이다. 존은 수개월에 걸쳐 파티션을 설치하고, 페인트칠을 하고, 가구를 이리저리 옮기고, 구역을 정하고, 팻말을 손보고, 구석구석 꼼꼼하게 정돈했다. 실은 양복 대신 작업복을 입고 출근하는 날이 많아서 고객들은 흔히 그를 인테리어업체 직원으로 오인했다. 존이 스스로 중개업자라고 소개하면 손님들은 금세 발길을 돌리곤 했다.

그렇게 몇 주가 지난 어느 날 사무실에 들어온 존이 이렇게 말했다. "자, 이제 그러면 광고를 좀 하러 나가보자고." 나는 광고는 내 일이 아니라고 말하고 싶은 마음이 굴뚝같았지만 마지못해 차에 올라탔다. 어느 동네를 향해 달리면서 나는 마음속 불안 감이 커지는 것을 느낄 수 있었다. 가는 내내 속으로 '어쩌지, 나더러 사람들한테 말을 걸라고 시킬 건가봐' 하고 생각했다.

하지만 우리가 한 일이라고는 어느 동네에 들어가 차를 세워놓고 우편함에 전단지를 꽂은 게 전부였다. 우리는 단 하나의 문도 두드리지 않았고, 누군가에게 말을 걸 시도는 더더욱 하지 않았다. 45분쯤 지났을 때 존이 했던 말이 아직도 기억난다. "자, 오늘은 이쯤 하고, 점심 먹으러 갑시다."

아직 앳된 얼굴에, 비즈니스에 관해서는 아는 게 거의 전무했던 나는 영업을 어떻게 하는 건지 전혀 알지 못했다. 나는 크게 안도했다. 우리는 그냥 우체부처럼 전단지만 꽂으면 되는구나!

알고 보니 교육을 많이 받은 전문 엔지니어도 영업에 관해 잘 모르기는 마찬가지였다. 얼마 지나지 않아 크레이기번 사무실은 문을 닫았고 존은 회사를 떠났다.

존은 다른 직장을 찾았지만 전도유망한 그의 조수는? 대학에 가지도 않고 달리 할일도 없었던 그 고등학생은 어떻게 됐을까? 대학에 진학하기 전 일 년간 자기 자신을 찾고 싶었던 그 학생의 계획은 어찌됐을까? 그 학생에겐 아무런 생각도, 아무런 계약도, 아무 능력도, 어떤 선택지도 남아 있지 않았다. 이게 바로 당신의 생계가 남의 손에 달려 있을 때⋯⋯ 그리고 그 사람이 영업에 실패할 때 벌어지는 일이다.

상처받는 사람이 생기고 꿈은 사라진다.

영업에 대한 잘못된 신화

━━━━━

이제 와서 돌이켜보면 존이 왜 실패했는지는 너무나 뻔히 보인다. 그는 영업을 시도하지 않았다. 그는 전형적인 엔지니어였다. 내향적이고 분석적인 문제 해결사 말이다. 그가 배워온 것들로는 주택 구매자들에게 부동산을 팔 수 없었다. 밖으로 나가서 새로운 사람들을 만나고 사업을 광고하는 것은 그의 본성이 아니었다.

존이 똑똑하지 않았다는 얘기가 아니다. 분명히 그는 똑똑한 사람이었다. 게으르지도 않았다. 하지만 존은 영업에 중점을 둔 게 아니라 이미 자신이 잘하는 일을 하는 데 집중했다. 존은 돈을 절약하려고 인테리어를 직접 했던 게 아니라, 실은 불편한 일을 피해서 숨고 있었던 셈이다. 대신에 그는 우리 모두가 할 법한 일을 했다. 이미 잘 아는 분야에 자연스럽게 끌리는 일 말이다. 설상가상으로 내향적인 사람들에게는 서비스를 판매한다는 것이 단순히 불편한 차원이 아니다. 이는 무시무시한 공포일 수 있다. 내가 함께 작업했던 수많은 내향적인 사람들이 공감할 것이다. 이들은 자신이 잘하는 것을 하고 싶어하고, 불편한 것은 하기 싫어한다(물론 대부분의 사람이 그렇지만).

그래서 내향적인 사람들은 일 자체에 집중한다. 종종 자신이 어느 업무 능력(본업)에 뛰어나다는 이유로 사업체를 차리는 사람들이 있다. 변호사는 법을 잘 알기 때문에 사무실을 낸다. 전기 기술자는 자신이 훌륭한 기술자이기 때문에 하청업체를 차린다. IT 전문가는 특정 플랫폼에 능통하기 때문에 컨설팅 회사를 차린다.

하지만 무언가를 잘한다고 해서, 심지어 뛰어나다고 해서, 고객이 절로 찾아오는 것은 아니다. 광고(영업 문제를 해결해줄 최적의 솔루션이 아닌 경우가 많다)에 돈을 쏟아붓는다고 해도 손님이 매장에 들어오거나 전화를 걸어올 때는 여러분이 직접 상대해야 한다. 마케팅을 통해 잠재고객이 관심을 보인다고 해도 여러분이 무슨 일을 하는지 고객이 아는 것과 실제로 그것을 여러분으로부터 구매하고 싶은 것 사이에는 커다란 간극이 존재한다. 여전히 여러분은 영업을 할 수 있어야 한다.

그리고 여기서 문제는 변호사나 전기기술자, 컨설턴트는 영업자가 아니라는 점이다. 그들은 그저 변호사, 전기기술자, 컨설턴트다. 그들에게 영업이란 영업자가 하는 일이다.

이 똑똑한 사람들은 (회계 담당자처럼) 회계장부를 쓰고, (인사 담당자처럼) 직원을 채용하고 훈련시키고, (고객 서비스 상담원처럼)

고객 불만에 응대하는 법은 배울 수 있다. 하지만 어찌된 영문인지 이 명민한 사업가들은 자신이 (영업자처럼) 영업하는 법을 배울 수 있다고는 생각지 않는다.

왜냐하면 법률이나 전기기술은 배움의 영역이지만 영업은 타고나야 한다고 믿기 때문이다. 영업을 잘하려면 카리스마가 있어야 한다거나, 외향적이어야 한다거나, 수다를 떨고 악수를 나누며 돌아다니는 법을 알아야 한다거나, 호감을 줄 수 있어야 한다는 것이다. 영업 능력은 '타고나거나 타고나지 못한' 어떤 것이다.

수많은 내향적인 사람들이 바로 이런 신화를 믿고 있다. 그래서 영업은 시도해볼 엄두조차 내지 않는다. 이들은 자신이 영업을 못하는 게 성격 탓이라고 생각한다. 그래서 영업 기술을 배우는 대신, 본업을 갈고닦는 데 시간과 노력을 들이며 광고에만 돈을 쏟아붓는다. 그 두 가지가 어떻게든 이 간극을 메워주기를 희망하면서 말이다. "만들어놓으면 사 가겠지." 영화 속에서는 그럴 수도 있다. 하지만 그게 여러분의 사업 전략이라면 문 닫을 날만 기다리고 있는 거나 마찬가지다.

또다른 신화가 하나 더 있다. 개인사업가들이 늘 가장 큰 문제라고 말하는 게 뭘까? 고객을 찾는 일이다. 그러나 내가 작가, 부동산, 개인 과외에 이르는 온갖 업종의 개인사업가들이나 프리랜서들과 직접 협업해본 결과, 진짜 문제는 고객을 찾는 게 아니었다. 개인사업가들은 종종 비현실 속을 살고 있었다. 사람을 만나고, 인맥을 넓히고, 행사에 참석하고, 전화를 걸고, 미팅을 잡고 싶어하지 않았다. 그들은 예전 고객들에게 연락해서 소개를 부탁하는 일의 가치를 알지 못했다. 또한 연락해오는 잠재고객 중에서 가장 가능성 높은 고객을 알아보는 데도 어려움을 겪었다.

당신이 동부 연안에서 가장 뛰어난 보이스 코치인지 여부는 중요하지 않다. 아무도 그 사실을 모르는데 무슨 수로 계약을 맺는단 말인가? 이들 개인사업가와 기업가들은 산을 거의 다 올라와, 정상을 겨우 몇 미터 남겨놓은 곳에서 꿈이 스러지도록 내버려두었다.

문제는 영업이다. 그리고 이 문제는 정말 쉽게 해결할 수 있다!

수천 명의 개인사업가, 영업자, 기업가, 프리랜서와 직접 부대끼면서 나는 세 가지 중요한 사실을 알게 됐다.

1.   영업은 누구나 배울 수 있는 기술이다.
2.   누구나 자기만의 영업 프로세스를 만들 수 있다.
3.   이 두 가지만 잊지 않는다면 내향적인 사람도 최고의 영업자가 될 수 있다.

사람들은 의사나 변호사가 되기 위해 몇 년씩 학교를 다니고, 졸업할 때는 수십만 달러의 빚을 진다. 나는 우리 회사 영업팀 직원들에게 그 정도의 시간과 돈을 들이지 않더라도, 내가 만든 영업 시스템의 기초를 배우는 데 2주만 투자한다면 억대 연봉을 받을 수 있을 거라고 말하곤 했다. 나는 '설마 그럴 리가' 하는 표정을 수도 없이 보았고, "저한테도 그 방법이 통할 거라고 어떻게 장담하세요?"라는 말도 수없이 들었다.

나는 그들의 의구심을 다음과 같이 날려버렸다.

나 역시 타고나지 않았다

존이 어쩔 수 없이 부동산 중개업을 접어야 했을 때 나는 그의 사업이 왜 실패했는지 알아보려 하지 않았다. 내 앞날을 걱정하는 것만도 벅찼기 때문이다. 이제 갓 고등학교를 졸업한 나는 뚜렷한 인생 계획이 없었다. 커리어를 쌓는 것은 고사하고 돈은 어떻게 벌지?

필요는 발명의 어머니라 했던가. 내 경우가 꼭 그랬다. 존이 부동산 중개업자로서 실패하면서 나는 직장도 없고 아무 계획도 없이 남겨졌다. 몇 주 후면 크리스마스였다. 친구들은 다들 명절을 앞두고 들떠 있는데 나만 절박하게 무언가를, 아무거라도, 찾아 헤매고 있었다. 나는 수입이 필요했다.

호주에서는 크리스마스가 한여름이기 때문에 여름방학과 크리스마스 연휴가 하나로 뭉쳐 있다. 12월 중순부터 1월 중순 정도까지 어지간한 사람은 다들 휴가를 떠나버려 이 기간에 쓸 만한 직장을 구하기란 하늘의 별 따기다.

선택의 여지가 별로 없었다. 대학 진학은 이미 미뤘고, 일주일에 80시간씩 일하는 아버지를 두고 나만 놀겠다고 할 수는 없었다. 신문을 샅샅이 뒤졌다(아직 온라인 구인 구직이 활성화되지 않은 시절이었다). 내가 찾아낸 유일한 일자리는 방문판매원 자리였다. 방문판매원을 해야 한다고 하면 대부분의 사람이 두려움을 느낄 것이다.

나에게는 공포 그 자체였다.

나 역시 존만큼이나 남에게 말 걸기를 좋아하지 않았다. 오랜 세월 학교에서 어딘가 모자란 사람 취급을 받다보니 자신감이 바닥에 떨어져 있었다. 얼렌증후군(앞에서도 이야기했지만 흔히 난독증으로 오진받는 시각 기능 장애다) 때문에 쓰던 색안경과 지독한 여드름 탓에 학교에서는 언제나 놀림감이었다. 한번은 야구를 하다가 얼굴에 공을 맞아 여드름이 터진 일이 있었다. 공에 맞은 것보다 아이들의 놀림이 더 아팠던 날이었다.

학습 장애에 보기 흉한 여드름과 치과용 교정기까지 갖춘 수줍음 많은 아이가 택할 수 있는 유일한 일자리가 생판 모르는 사람을 찾아가 전화 요금제를 바꿔보라고 권하는 일뿐이라는 사실은 악몽 그 자체였다.

누구나 상상하는 '타고난' 영업자의 배포는 내게 없었다. 나는 잠재고객의 현관을 들어섬과 동시에 목소리 톤을 한껏 높이며 매력을 철철 흘릴 수 있는 그런 사람이 아니었다. 당시의 나는 낯선 사람은커녕 친구들 사이에서조차 앞에 나설 자신이 없었다.

게다가 나는 영업에 적합한 사고방식을 갖고 있지 않았다. 내 안에 사업가 기질 같은 것이 꿈틀거리고 있기는 했지만, 우리집은 외향적인 사업가 집안이 아니었다. 노동자계급에 속하는 우리 동네의 부모님들은 다들 아침이면 출근해서 출근 도장을 찍고 저녁이면 퇴근하는 사람들이었다. 새로운 고객을 찾아 나선다는 게 내게는 너무나 낯선 개념이었다.

간단히 말해서 나는 누가 봐도 영업을 업으로 삼을 사람이 아니었다. 그러나 선택의 여지가 없었다. 나는 방문판매원 일을 할 수밖에 없었고, 그렇다면 물건은 어떻게 파는 것인지 알아내야 했다. 아무리 나에게 영업으로 성공할 만한 자질이 손톱만큼도 없었다고 해도 말이다.

내가 취업을 하게 된 이 영업 전문 기업은 커미션 외에 별도 월급은 따로 없는 회사였다. 나를 관리하던 매니저의 말마따나 "진흙을 벽에 던져놓고 어느 것이 붙어 있나 지켜보는" 식이었다(진흙 입장에서는 결코 재미난 놀이가 아니다). 첫날 말쑥하게 양복을 갖춰 입고 갔던 나는 즉시 중소기업 영업팀에 배치되었다. '영업 교육'이라고 해봐야 사흘간 '오즈컴'이 판매하는 여러 종류의 통신 상품과 패키지를 알려주는 게 전부였다. 그러고 나서 감독자는 밖으로 나가 팔아오라고 했다. 그게 다였다. 사전 약속도, 어떤 힌트도, 아무런 도움도 없었다. 무작정 나가서 팔아야 했다.

방문하는 가게마다 나가라고 하거나 썩 꺼지라고 할 게 뻔했다. 어차피 그럴 거라면, 나는 이왕이면 가게가 많은 지역으로 가는 편이 낫겠다 싶었다. 그러면 적어도 끊임없이 차에 올랐다가 내렸다가 할 필요는 없을 테니 말이다. 한 가게에서 쫓겨나면 바로 옆의 또다른 가게에 들어서면 그만이었다.

그래서 나는 인근의 중심가라고 할 수 있는 시드니로드를 목표로 삼았다. 상가 한쪽 끝에 주차하고 차에서 내려 줄줄이 늘어선 수십 개의 상점을 바라보았다. 입고 있던 옷은 내가 가진 유일한 양복이었고, 이 양복 덕분에 나는 중소기업 영업팀에 배정됐다. 폴리에스테르로 된 검은색 양복은 그야말로 싸구려라 햇빛에 번들거렸고, 정말 안 어울리는 겨자색 셔츠에 새빨간 넥타이를 하고 있었다. 도로 옆 연석 위에 올라서서 바라본 가게들은 다들 이미 다른 통신 상품을 이용하고 있을 게 뻔했다.

마른침을 꿀꺽 삼키고 첫번째 가게 앞으로 가서 문고리에 손을 올렸다. 그리고 그 순간 문득 깨달았다. 나는 뭐라고 말해야 하는지 전혀 몰랐다! 회사는 나에게 뭘 팔아야 하는지는 알려주었지만 '어떻게 팔아야 하는지'는 알려주지 않았다.

92번째, 나는 이런 말을 들었다. "됐어요" "나가요" "관심 없어요." "제대로 된 직장을 좀 구해봐요(개인적으로 가장 마음에 들었던 말이다)!" 그렇게 92번을 노골적으로 거부당했다. 92번을 불안한 마음을 꾹 참고 미소를 띠려 노력했다. 92번을 돌아나오며 나는 생각했다. '대체 뭘 하고 있는 거야? 이렇게 살아서 되겠어?'

영업사원으로서의 하루가 거의 끝나가고 있었다. 93번째 문을 밀고 들어간 나는…… 통신 상품을 팔았다! 한없이 기뻤다. 드디어 내가 영업에 성공한 것이다. 나는 의기양양하게 걸어나오며 머릿속으로는 이미 70달러의 커미션을 어디에 쓸지 자세한 계획을 세우고 있었다. 끔찍한 사실 한 가지를 깨달을 때까지는 말이다. 길을 내려다보니 아직 방문하지 못한 수십 개의 상점이 보였다. 내일도 이 모든 걸 되풀이해야 한다. 그리고 다음날도. 그다음날도.

해결책은 있다!

이런 문제에 직면하면 많은 사람이 둘 중 하나의 행동을 한다. 그만두거나 두 배로 노력하는 것이다. 그런데 앞서 말했듯이 나는 그만둘 수 있는 처지가 아니었다. 이 일이 싫었지만 아버지(일주일에 80시간에서 100시간 정도를 일하며 겨우 생계를 꾸리고 계셨다)에게 하루 만에 직장을 그만두었다고 말할 수는 없었다. 나는 그동안 아버지가 우리를 부양해주신 것처럼 이제 스스로를 부양하겠다고 아버지에게 약속했었다. 무슨 일이 있어도 그 약속을 저버릴 수는 없었다. 하지만 내가 영업 일을 잘하고 있지 못하다는 것도 분명했다. 그냥 맨땅에 헤딩하듯이 열심히만 한다고 될 일이 아니었다. 더 좋은 방법이 있을 게 틀림없었다. 제대로 된 방법을 찾아야 했다.

대부분의 사람들은 영업에 관한 책을 읽고 감을 잡았을 것이다. 하지만 나는 책 읽는 게 고역이었다. 앞서 말했듯이 나는 얼렌증후군 때문에 고등학교를 졸업할 때의 책 읽는 속도가 초등학교 6학년 수준밖에 되지 않았다. 책 한 권을 끝내려면 몇 달이 걸릴 텐데, 그럴 시간이 없었다. 내일 당장 통신 상품을 팔아야 했다.

그날 저녁 집에 돌아오자마자 인터넷으로 '영업 잘하는 법'을 검색했다. 그러다가 유튜브(유튜브가 나온 지 얼마 안 되었을 때다)에 들어가게 됐는데 브라이언 트레이시, 지그 지글러를 비롯한 몇몇 사람들이 영업 교육 영상을 올려놓았다. 잠자리에 들 때까지 그 영상들을 시청했다.

다음날 나는 새롭게 알게 된 것들을 적용해봤다. 92번의 거절 대신 72번의 시도 끝에 상품을 팔았다. 그날 저녁에는 더 많은 영상을 시청했다. 다음날에는 이틀 동안 나에게 효과가 있었던 것에 전날 저녁 영상으로 배운 것을 추가했다. 그리고 48번 만에 상품을 팔았다.

효과가 있어 보이는 방법은 유지하고, 효과가 없어 보이는 방법은 버렸다. 예컨대 제일 먼저 눈에 띄는 사람에게 다가가 다짜고짜 준비해온 말을 던지는 것이 아니라, 이렇게 말했다. "저는 오즈컴에서 나왔습니다. 새로운 알뜰 상품 패키지를 이 지역에서 시범 운영하고 있는데요. 혹시 담당자분이실까요?" 그러면 계산대 직원에게 그대로 쫓겨나는 대신 진짜 의사결정권자를 만날 수 있었다.

매니저를 만나면 우리 상품에 관해 이야기하는 게 아니라 지난달 통신 요금이 얼마 나왔는지 물었다. 그리고 얼른 계산기를 꺼내 숫자를 두드려보고 만약 통신사가 우리 회사였다면 얼마를 절약할 수 있을지 보여주었다. 얼마 지나지 않아 상점 열 군데를 방문하면 그중 한 곳에서는 상품을 팔았고, 또 얼마 후에는 다섯 곳 중 한 곳에서 상품을 팔 수 있었다. 성공률이 1퍼센트에서 20퍼센트로 상승한 것이다. 겨우 몇 주 만에 나는 '20배나' 일을 잘하고 있었다.

나는 임기응변에 능하지 않았다. 누군가와의 대화 도중 한 부분을 낚아채서 그걸 영업으로 연결시키는 재주가 내게는 없었다. 내가 할 줄 아는 거라고는 상점에 들어설 때마다 매번 거의 똑같이 행동하는 것뿐이었다. 말하자면 나는 나만의 임시 '프로세스' 같은 걸 만들어 죽어라 그 방법만 고수했다.

처음 이 회사에서 일을 시작했을 때 베테랑 영업사원들은 나라는 사람이 있는지도 잘 몰랐다. 그들은 시장이 포화 상태가 되고 있어서 돈 벌기가 힘들다며 푸념을 늘어놓기 바빴다. 수많은 영업사원이 떠났고, 가장 잘하는 사람들도 퇴사해야겠다고 이야기했다. 나는 그들이 웃고 떠들며 이야기를 주고받는 동안 사무실 뒤쪽 한편에 앉아 있는 조용한 아이였다. 그러나 몇 주 후부터 그들 사이에서 내 이름이 알려지기 시작했다. 그들은 이 내향적인 십대 소년이 자신들보다 상품을 더 많이 팔고 있다는 사실을 믿지 못했다. 심지어 몇몇은 내가 무슨 속임수를 쓰는 것은 아닌지 의심했다.

나는 이제 우리 팀에 있는 그 누구보다 더 많은 상품을 지속적으로 팔기 시작했다. 몇 달 후에는 사내 판매왕이 됐다(이 회사는 남반구에서 가장 큰 영업 및 마케팅 기업이었다). 그러자 회사는 나를 영업 매니저로 승진시켰다.

다른 영업사원들을 어떻게 교육해야 하지? 아는 거라곤 그동안 내가 사용해온 방법뿐이었고, 그걸 활용하는 수밖에 없었다. 나는 내가 매번 어떻게 영업해왔는지 그대로 보여주었다. 하지만 소위 '타고난' 영업사원들은 내 교육 내용을 무시하고 자신의 외향적인 성격에 의존했다. 그들의 영업 실적은 계속 롤러코스터를 탔다. 몇 주는 잘나가고 몇 주는 형편없었다. 반면에 내향적인 사람들은 내가 알려준 방법을 종교처럼 믿고 따랐다. 예전에 내가 그랬던 것처럼 그들도 겁에 질려 있었다. 잠재고객이 통신 상품을 구매하게 만들려면 무슨 말을 어떻게 해야 하는지 짐작 조차 하지 못했기 때문이다.

그러다가 이상한 일이 벌어졌다. 내향적인 사람들이 외향적인 사람들보다 하나같이 상품을 더 많이 팔기 시작했다. 매일은 아닐지 몰라도 주 단위로 보면 틀림없었다. 종종 좋을 때는 외향적인 사람이 내향적인 사람보다 더 높은 실적을 올리기도 했지만, 몇 주가 지나고 몇 달이 지나면 내향적인 사람들이 '수다에 재능'을 가진 동료들을 어렵지 않게 이겼다. 나는 온갖 신화나 신념과는 정반대로 내향적인 사람들이 최고의 영업사원이 된다는 사실을 발견했다.

당시에는 몰랐던 부분이지만, '외향적인 사람의 영업은 그 사람의 성격, 심지어 기분과 직접 연관된다'. 주변에 아무 문제가 없을 때 외향적인 사람들은 높은 판매 실적을 올린다. 하지만 사생활에서 뭔가 안 좋은 일이 있거나 스트레스를 받으면, 예컨대 친구와 싸웠거나 결혼식을 준비하고 있다면, 그들의 판매 실적은 궤도를 이탈한다.

반면에 내향적인 사람들은 시스템을 따른다. 기분이 어떻든, 주위에서 무슨 일이 일어나든, 그들은 계획을 충실히 따르고 매번 같은 결과를 도출한다. 물론 내향적인 사람도 외향적인 동료들과 똑같은 스트레스 요인을 경험한다. 아침 미팅에서 내향적인 사람들이 누군가와 싸운 이야기며, 가지고 있는 계획, 걱정거리들을 털어놓던 것이 기억난다. 하지만 이들은 밖에 나가면 아무런 문제가 없던 날과 똑같은 성과를 냈다.

알렉스는 어떻게 영업 천재가 되었나

알렉스 머피도 그랬다.

내가 상점 문을 하나씩 열고 들어가 통신 상품을 팔던 때로부터 십 년 후로 가보자. 나는 수천 명의 영업자, 개인사업가와 함께 일하며 내가 만든 프로세스를 다듬어갔다. 나에게는 내향적이든, 수줍음이 많든, '영업을 하려고 사업을 시작한 게 아니든' 어떻든지 간에, 그 어떤 유형의 사람도 높은 실적을 내는 세일즈 컨설턴트로 바꿔놓을 비결이 있었다.

이 프로세스를 처음 만들 때는 꼭 내향적인 사람만 염두에 두진 않았다. 하지만 시간이 지나면서 내향적인 사람이 이 프로세스에 자연히 더 끌린다는 사실을 알게 됐다. 또한 타고나길 내향적인 개인사업가가 상당히 많다는 사실도 알게 됐다. 특히 특수화된 서비스 제공이 사업의 주된 내용인 개인사업가 중에 그런 사람이 많았다. 이들은 영업을 하려고 사업을 시작한 게 아니었다. 그저 자신이 원하는 때에, 원하는 방식으로, 자기가 좋아하는 일을 하면서 고소득을 올리고 싶은 것뿐이었다. 사업의 중심에는 가족과 본인의 삶이 있었다(그 반대가 아니었다).

내향적인 개인사업가가 많다는 사실은 수치로도 확인된다. 미국에서 진행된 연구들을 보면 내향적인 사람이 응답자의 3분의 1에서 최대 절반까지 된다. 그리고 문화적으로 보았을 때 미국은 전 세계에서 가장 외향적인 국가 중 하나다(가장 덜 외향적인 국가는 핀란드다). 그런데 더 흥미로운 사실은 늘 응답자의 절반 이상이 자신을 내향적인 사람으로 분류한다는 점이다. 다시 말해 실제로는 내향적이지 않음에도 스스로를 내향적이라고 믿는 사람이 많다.

알렉스를 만났을 때 나는 그가 내향적인 그의 성격을 중심으로 자기만의 영업 시스템을 만들 수 있게 도왔고, 이게 효과가 있었다. 나는 알렉스에게 온갖 영업 수법을 가르치려 들지 않았다. 그에게 밀어붙이라거나, 더 적극적으로 나서라거나, 언어의 연금술을 발휘해서 구매를 유도하라고 하지 않았다. 대신에 알렉스에게 일련의 과제를 주었다. 말하자면 '체크리스트' 같은 것 말이다. 이 체크리스트는 즉각 이해할 수 있는 내용으로 구성되어 있었다. 나는 알렉스를 외향적인 사람처럼 행동하게 만들려고 하지 않았고(이는 불가능할뿐더러, 만약에 그랬다면 알렉스는 자신이 진실하지 못하다고 느꼈을 것이다), 대신에 분석적이고 과제 중심적인 그의 사고방식에 맞춰 나름의 루틴을 만들도록 도왔다.

나아가 그 루틴을 끊임없이 개선하는 방법도 알려주었다. 지금 당장의 사업 규모나 특정 고객에게만 해당되는 루틴은 아무소용이 없다. 어떤 사업이든 성장하고, 변화하고, 진화하는 동안고객이나 프로젝트의 유형 역시 바뀌기 마련이다. 예컨대 알렉스에게 상품에 대한 광고 영상을 의뢰하려는 프리랜서를 상대하는 방법만 알려주었다면, 업계 최고의 인터넷 마케터 중 한 명인라이언 모런을 위한 개인용 홍보 영상이나 대형 기술 기업 오러클의 교육용 영상을 만들 준비는 갖춰지지 않았을 것이다(둘 다현재 알렉스의 고객이다). 상황이 바뀌면 여러분의 시스템도 그에맞춰 변화할 수 있어야 한다.

먼저 알렉스에게 잠재고객과 라포르rapport(신뢰를 주는 정서적친밀 관계―옮긴이)를 형성하는 것이 매우 중요하다고 알려주었다. 알렉스는 곧장 비즈니스 대화로 직행하는 대신 손쉽게 활용할 수 있는 일반적이고도 가벼운 대화 주제를 두세 개 준비했다.

여기서 잠깐. 얼핏 여기까지만 들으면 방금 전에 이야기한 내용과 정반대로 들릴지도 모른다. 내향적인 사람들은 보통 수다를 두려워하고, 앞서 보았듯이 알렉스라고 예외는 아니었다. 즉흥적으로 대화를 끌고 가거나 조금이라도 속내를 털어놓는 것은내향적인 사람들에게 여간 힘든 일이 아니다.

하지만 내가 알렉스에게 알려준 방법은 바로 이 부분에서 달랐다. 우리는 여기서 즉흥성을 빼버렸다. 알렉스는 무언가를 생각해낼 필요가 없었다. 고객의 사무실에서 말을 붙일 만한 사진을 찾거나, 고객이 던지는 얘기에 즉석으로 대응할 필요가 없었다. 세 가지 정도의 대화 주제를 미리 리허설해봄으로써 즉흥적일 필요도, 잠재고객과 대화의 물꼬를 틀 때까지 긴 침묵을 견딜 필요도 없었다. 이제 알렉스는 미팅에 들어갈 때 이미 가벼운 담소를 나눌 준비가 되어 있었다. 그리고 더 중요한 것은 이와 함께 대화의 통제권도 알렉스에게 넘어온다는 점이었다. 라포르를 형성하는 일은 더이상 허드렛일이나 필요악이 아니라, 알렉스가 반드시 수행해야 할 과제가 되었다. 알렉스는 이 루틴이 어떻게 진행될지 이미 알고 있기 때문에 편안한 마음으로 준비할 수가 있었다.

(혹시 코미디언을 만나본 적이 있는가? 대부분의 코미디언은 실제로 만나면 무대에서만큼 재미있지는 않다. 코미디언은 자신의 농담이 자연스럽게 들릴 때까지 충분히 연습을 한 후에야 무대에 오른다. 그 농담이 자연스럽게 보이는 것은 사전에 많은 준비가 있었기 때문이다.)

내 경우에는 이 루틴이 '재생' 버튼만 누르면 튀어나오는 대사처럼 자연스럽게 흘러나온다. "아이고, 겨우 안 늦었네요. 차가 엄청 막히더라고요! 여기까지 출퇴근하려면 보통 얼마나 걸리세요?" 나는 루틴대로 대화를 죽 이어가다가 적절한 순간에 '정지' 버튼을 누르고 이야기가 잘되었으면 계약 서류를 꺼낸다.

가끔 내가 영화에 나오는 로봇 같다고 생각했다. 나는 그냥 프로그램만 제대로 골라서 '실행'이라고 타이핑을 치면, 매번 거의 똑같은 내용이 전개됐다.

그러나 로봇처럼 단순히 똑같은 대사를 계속 반복해서는 안 된다.

시트콤 〈앤디 그리피스 쇼〉 중에서 '에밋의 처남' 편을 본 적이 있는가? 수리공 에밋 클라크는 작은 전자제품 수리점을 운영하면서 본인의 삶에 꽤 만족하고 있다. 적어도 처남(청산유수 같은 말솜씨로 성공한 보험 판매원)이 찾아올 때까지는 말이다. 에밋의 아내는 에밋에게 가게를 그만두고 보험 판매원이 되라고 조른다.

처남은 에밋에게 자신이 보험을 팔 때 사용하는 긴 대사를 그대로 외우게 한다. 에밋은 메이베리에 사는 어느 부부에게 암기한 대사를 그대로 말하며 보험을 팔아보려 하지만 엉망진창이 되고 만다. 해당 에피소드는 에밋의 아내가 남편을 찾아다니다가 작업대에서 행복하게 토스터를 수리하고 있는 에밋을 발견하는 것으로 끝난다.

에밋이 보험을 팔지 못한 것은 그가 영업에 소질이 없었기 때문이 아니다. 그가 실패한 이유는 진정으로 '에밋다운' 것이 아닌 대사를 억지로 말해야 했기 때문이다. 이래서는 잘될 리 없다.

나는 알렉스에게 외울 문장을 주지 않았다. 알렉스는 자신에게 맞는 가벼운 대화거리를 직접 골랐고, 지극히 자연스러워질 때까지 그 말을 반복해서 연습했다.

바로 이 부분이 중요하다. 나는 여러분에게 (에밋의 처남이 했던 것처럼) 몇 줄의 대사를 외우라고 시키지 않는다. 대신 그 어떤 상황에서도 능숙하게 골라 사용할 수 있는, 대화 형식으로 된 영업 도구를 직접 만들도록 돕는다.

회사 문을 닫아야 할까 걱정했던 알렉스는 채 일 년도 되지 않아 연간 백만 달러의 매출을 바라보게 됐다. 거의 전적으로 B2B 판매만 하면서 말이다. 오늘날 알렉스에게 영업은 더이상 필요악이 아니라, 믿거나 말거나, 사업의 '즐거운' 일부가 됐다.

인트로버트를 위한 소프트 셀링

―――

우리처럼 내향적인 사람들이 영업에서 외향적인 동료들보다 유리한 지점은 바로 이것이다. '우리는 타고난 성격에 의존하지 않는다.' 재능을 타고나지 않았기 때문에 우리는 프로세스에 의존할 수밖에 없다. 그리고 장기적으로 보면 프로세스가 성격을 이긴다. 늘 그렇다.

내향적인 사람들을 위한 영업 프로세스를 제시하면서 마치 내가 기존에 없던 혁신적인 시스템을 만들어낸 것처럼 굴지는 않겠다. 기존에 영업 관련 문헌을 읽어본 사람이라면 이 책이 제시하는 통찰과 조언들이 하나같이 눈에 익을 것이다. 사람들은 수천 년 전부터 영업을 해왔다. 영업이 전문 직업이 된 지도 최소 백 년은 되었다. 심지어 나는 여러분에게 영업 시스템 하나를 통째로 넘겨주는 것도 아니다. 나는 여러분이 스스로 영업 시스템 하나를 만들어낼 수 있는 '틀'을 알려줄 것이다.

그게 바로 이 책의 장점이다.

각 단계별로 내가 알려주는 여러 원칙에, 내향적인 사람의 입장에서 똑같이 내향적인 사람들을 위해 내놓은 통찰과 조언들을 참고한다면 여러분 각자의 사업에 꼭 맞는 영업 시스템을 만들 수 있다. 여러분 각자의 고객과 상품, 서비스에 맞춤형으로 제작 가능한 시스템, 시간이 지나면서 진화하고 적응할 수 있는 시스템, 진정으로 '여러분다운' 시스템 말이다.

한 가지 주의사항이 있다. 이런 식으로 영업하는 것이 100퍼센트 모든 경우에 효과적이지는 않다. 100퍼센트 보장되는 것은 세상에 아무것도 없다. 진상 고객이나 황당한 상황도 있을 것이다. 본인만의 프로세스를 완벽히 갈고닦은 후에도 매번 모든 영업에 성공할 수는 없다. 우리가 세울 수 있는 현실적인 목표는 대략 80퍼센트 정도의 경우에 늘 성공적인 결과를 내는 시스템을 만드는 것이다. 즉 십중팔구 효과가 있는 시스템 말이다.

우리는 '완벽'이 아니라 '발전'을 목표로 삼는다.

본격적으로 7단계 원칙들을 살펴보기 전에 각 부분이 서로 어떻게 들어맞는지 전체적인 조감도를 한번 살펴보자.

첫째, 신뢰를 구축하고 어젠다를 제공하라. '사람들은 상대가 나에게 얼마나 관심이 있는지 알기 전에는 상대가 뭘 아는지에 관심이 없다.' 뻔한 말이지만, 사실이다.『데일 카네기 인간관계론』이 세월을 뛰어넘어 고전이 되는 이유 중의 하나는 데일 카네기의 조언이 만고의 진리이기 때문이다. '상대방과 인간적 차원에서 교감을 형성하는 데서부터 시작하라.' 아주 조금만 정서적 유대감을 형성해도 고객은 방어적 태도를 누그러뜨리고 여러분을 (굶주린 판매원이 아니라) 한 명의 인간으로 보게 된다. 잠재고객이 기본적 차원에서 여러분을 신뢰하지 않는다면, 여러분 입에서 나오는 말은 아무것도 신뢰하지 않을 것이다. 신뢰가 없다면 앞으로 펼쳐지는 것은 오직 힘든 싸움이 될 수밖에 없다.

일단 라포르가 형성되면 그다음에는 경로를 그려야 한다. 언젠가 내가 만났던 베테랑 영업사원은 초기 라포르를 형성하는 데는 능했으나 그다음에 곧장 비즈니스로 돌입하는 경향이 있었다. 혹시 수업시간이나 세미나에서 연단에 서 있는 사람이 대체 어디를 향해 가는지 당최 알 수 없었던 경험이 있는가? 뭔가 할 말이 있어 보이는데, 적어도 할말을 찾으려고 하는 것 같기는 한데, 어쩐지 시간만 질질 끄는 것 같았던 경험 말이다.

사람들은 대화의 방향을 알고 싶어한다. 특히나 영업 미팅이라면 말이다. 나는 간단한 로드맵을 그려주라고 가르친다. 직접 만났건, 전화통화중이건, 상대에게 왜 이런 질문 세례를 퍼붓고 있고 이게 어떤 식으로 상대를 돕는 데 도움이 되는지 알려주어야 한다. 간단해 보여도 이게 상대를 얼마나 달라지게 만드는지 지켜볼 때면, 매번 탄식이 절로 나올 정도다. 대략적이나마 미팅의 어젠다를 이해하고 나면 상대 대부분은 눈에 띌 정도로 긴장을 푼다. 여러분이 운전대를 잡고 있고 여러분에게는 계획이 다 있다는 사실을 알면, 상대는 잠시 의자 깊숙이 등을 파묻어도 된다. 이 단계가 잘 진행되면 상대는 여러분의 질문이 자신을 도와주려는 것임을 알고 기꺼이 자세한 답을 줄 것이다.

둘째, 추가 질문을 하라. 우리 같은 개인사업가들은 새로운 잠재고객의 눈에 내가 어떻게 비칠지 잘 자각하지 못한다. 나는 내가 뭘 파는지 잘 안다. 하지만 잠재고객의 눈에 우리는 그저 돈벌이를 하려는 또 한 명의 장사치에 불과하다. 그러지 말라고, 수많은 사람들이 누누이 조언을 하는데도, 미팅에 임하는 영업자는 대부분 다음과 같이 말한다. "저는 이걸 팝니다. 사시겠어요?" 매일같이 상품을 파는 전문 영업자도 사정이 이러하다면, 개인사업가나 프리랜서는 얼마나 자주 이런 실수를 저지를지 상상이 될 것이다. 타고나길 내향적인 사람이라면 더욱 말할 것도 없다.

상대에게 내가 이걸 판다고 말하지 마라. 오히려 상대의 고충이 무엇인지 파악하는 데 도움이 될 만한 질문 목록을 준비해라.

의사가 환자에게 어떻게 다쳤는지 자세히 물어보듯이, 여러분도 출혈 지점을 찾아낼 때까지 고객의 고충을 자세히 물어봐야 한다. 그런 다음 상처에 소금을 뿌려라. 여러분이 파는 걸 구매하지 않았을 때 치르는 희생이 무엇인지 상대에게 와닿는 방식으로 이야기하라. 고객은 안전이 걱정인가? 배우자와 시간을 보내지 못해서 걱정인가? 자녀들에게 훌륭한 삶을 제공하지 못할까 걱정인가? 고객의 진짜 고민은 이런 것들이다.

고객이 처음 보는 사람에게 마음을 터놓고 싶어하지 않는다면(충분히 이해 가는 일이다) 상대와 아주 비슷했던 다른 고객의 이야기를 들려줘라. 똑같은 문제를 안고 있었던 다른 고객 말이다. 상대가 고개를 끄덕이기 시작한다면 같은 문제를 겪어보았다는 뜻이다.

셋째, 의사결정권자와 이야기하라. 미팅 도중에 상대가 내가 하는 말마다 고개를 끄덕였던 적이 있는가? 여러분은 이렇게 생각했을 것이다. '우와, 잘되고 있어! 이번엔 확실해!' 그리고 계약서를 쓰려고 하는데 상대가 이렇게 말한다. "아, 아니요. 제가 결정할 수 있는 게 아니라서요. 남편, 아내, 상사, 투자자, 파트너, 위원회 등등과 의논해봐야 해요." 나는 이런 경우를 너무나 많이 겪어봤다. 잔뜩 희망에 부풀었는데 알고 보니 대화를 나누고 있던 상대는 담당자조차 아니라는 사실을 깨달으면서 찬물을 확 뒤집어쓸 때의 그 좌절감은 이루 말로 다 표현할 수 없다. 따라서 지금 이게 영업 미팅이 맞는지, 아니면 내가 아직 영업 미팅을 잡기 위해 노력중인 것인지부터 잘 파악해야 한다.

넷째, 영업에 스토리를 활용하라. 준비된 질문을 모두 마쳤고 잠재고객의 가장 아픈 곳이 어디인지 찾아냈다면, 여러분만이 제공할 수 있는 상품이나 서비스를 구매했을 때 상대의 삶이나 사업, 커리어, 인간관계 등등이 얼마나 더 좋아질 수 있는지 보여줘라.

영업 전문가들은 '스테이크를 팔지 말고 지글지글하는 소리를 팔아라'라고 말한다. 다만 요즘은 너나없이 다들 지글지글하는 소리를 팔고 있다는 점이 문제다. 고객 역시 그 어느 때보다 아는 게 많고 냉소적이다. 고객은 마우스 클릭 몇 번만으로 여러분과 경쟁자를 비교할 수 있다. 그러니 고객에게 솔루션을 팔려고 하지 말고, 스토리(당신이 준비하고 연습해놓은 몇 개의 스토리 중 하나)를 들려줘라. 과거 고객 중에도 당신과 똑같은 경우가 있었는데, 다른 선택을 할 뻔했지만 결국은 나를 선택했고, 희망하던 결과를 그대로 얻었다고 말이다.

요약하자면, 여러분이 파는 바로 그 상품이나 서비스가 어떤 마법을 부려서 뭘 얼마나 바꿔놓을 수 있는지 상대가 쉽게 이해할 수 있는 스토리를 들려줘라.

다섯째, 반론에는 스토리로 답하라. 다들 이 말을 들어보았을 것이다. '고객은 언제나 옳다.' 고객과 싸우는 것은 쓸데없는 일이다. 여러분은 이기지 못한다. 게다가 내향적인 사람들은 보통 직접적인 대립을 피한다. 억지로 강요하고 싶지 않기 때문이다. 그렇다면 알렉스는 어떻게 자신의 본성을 속이지 않으면서도 고객의 반론을 극복할 수 있을까?

이번에도 답은 스토리다.

알렉스는 고객이 왜 틀렸는지, 고객의 추론이 왜 여기에는 해당하지 않는지 이야기하지 않는다. 상품을 팔기 위해 고객을 압박하거나 어떤 술수를 써서 고객을 이용해먹으려고 하지 않는다. 그냥 스토리를 들려준다. 비슷한 반론이나 문제를 갖고 있었던 고객의 스토리, 다시 한번 말하지만 미리 준비해두어서 자연스럽게 들리는 스토리 말이다. 그리고 "그랬는데도"라는 말과 함께 두려움이나 우려가 해결된 대목을 들려주고, 과거 고객이 어떤 결정을 내려서 어떤 훌륭한 결과를 얻었는지 설명한다.

스토리가 아닌 논리와 팩트를 이용해 반박할 수도 있지만, 잠재고객 앞에서 그런 자세를 취해봐야 좋을 게 없다. '싸움은 이겼지만 고객을 잃었다'는 얘기를 들어보았을 것이다. 우리는 고객을 무장해제시켜서 고객이 방어적인 태도를 거두게 해야 한다. 스토리를 들려주면 대화는 더이상 옳고 그름의 문제가 아니라 '……했더니 이런 일이 생겼다'는 교훈으로 바뀐다. 상대가 틀렸다고 말하지 않으면서도 그의 우려를 해결할 수 있다. 상대는 논리로 반박하거나 본인이 얻을 결과에 대해서 반론을 낼 수는 있어도 '여러분의' 스토리에 등장하는 사람이 얻었던 결과를 반박할 수는 없다.

여섯째, 상대의 온도를 측정하라. 전통적인 영업 기법들은 '계약하자'고 청해야 한다고 말한다. 일부 사람에게는 맞는 방법일 수도 있지만, 그렇게 직접적으로 요구하면 상대는 즉각 방어적인 자세를 취할 수도 있다. 사람들은 결정을 강요받고 싶어하지 않는다. 또한 내향적인 나 역시 물어보는 것 자체를 싫어한다. 공격적인 행동을 하고 싶지 않다. 마음이 불편하기 때문이다. 그건 그냥 나의 본성에 맞지 않는 일이다.

그 대신에 '계약 마무리 시도'를 한번 해본다. 알렉스의 경우 우리는 다음과 같이 편안한 질문을 만들어냈다. "A 패키지와 B 패키지 중에서 어느 쪽이 더 좋으세요?"

상대가 즉각 거부감을 보이면 알렉스는 이렇게 말한다. "아뇨, 아뇨. 정확히 어떤 프로세스를 거쳐서 어떤 효과를 내는지 설명드리려고요. 그러려면 고객님에게 어느 방향이 최선인지부터 알아야 하니까요." 이렇게 말하면 잠재고객은 흔히 '자신이' 성급했다고 느끼면서 알렉스의 설명을 더 들어야 할 것 같은 기분이 든다. 그리고 알렉스 입장에서는 상대가 아직 구매를 결정할 만큼 마음의 준비가 되지 않았다는 사실을 알 수 있다. 그럼 알렉스는 본인의 서비스에 관해 더 많은 설명과 질문을 하고 더 많은 스토리를 들려준 다음, 또다른 형태의 계약 마무리 시도를 해본다. 이 프로세스를 사용하면 잠재고객은 굳이 방어적인 태세를 취할 필요가 없다. 알렉스는 그저 '이해'를 도우려는 것뿐이기 때문이다.

반면에 상대가 긍정적 반응을 보였다면 알렉스는 계약 절차를 진행해도 됨을 알 수 있다. 준비가 되었는지 고객 스스로 말하게 하면서도 알렉스 입장에서는 공격적인 자세를 취해야 하는 부담감을 내려놓을 수 있는 손쉬운 방법이다.

일곱째, 이미 판 것처럼 이야기하라. 내 경우를 보면 계약 마무리 시도가 성공해서 계약이 성사됐다 싶을 때조차 상대에게 계약을 청하는 게 싫었다. 가가호호 돌아다니며 통신 상품을 팔던 시절 나는 그냥 계약이 성사된 것처럼 행동했다. 상대가 마음의 준비가 됐다는 게 확인되면 이렇게 말했다. "그러면, 고객님이 이 패키지 가입 요건에 해당하는지 확인을 한번 해야 하는데요. ABN이 있으신가요(호주에서는 ABN이 사업자등록증 같은 역할을 한다)?" 상대가 있다고 하면 나는 이렇게 말한다. "잘됐네요. 그러면 좀 가져다주시겠어요?"

대화를 나누는 바로 그 장소에 사업자등록증이 있는 경우는 없기 때문에 고객은 등록증을 가지러 가야 한다. 고객이 사무실로 돌아와보면 나는 이미 서류에 필요한 내용을 기입하고 있다. 그렇다. 정말로 이렇게 간단했다.

요약하면 나는 상대가 거절할 기회를 주지 않았다. 계약 마무리를 시도해서 상대가 마음의 준비가 된 것이 확인되면 그냥 상대가 계약 진행을 바라는 것처럼 행동했다. 상대가 쉽게 수락할 수 있는 방법을 제시하고, 다음 단계로 넘어가기 위한 과제를 하나 주고, 다른 말이 없으면 계약이 이미 성사된 것처럼 행동했다.

마지막으로 가장 중요한 것은 프로세스를 계속해서 다듬는 일이다. 영업을 시스템화하는 접근법에서 가장 중요한 부분이다. 대부분의 사람은 모든 계약을 다 성공시키려고 하지만, 내 방침은 좀 다르다.

나는 영업이 공장의 생산라인과 같다고 생각한다. 공장이 처음 가동되면 가장 먼저 생산되어 나온 제품들은 품질이 형편없을 것이다. 그러나 엔지니어와 생산 직원들이 프로세스를 하나하나 손보면서 품질은 점점 더 좋아진다. 그러다가 어느 지점이 되면 생산라인의 효율성은 최대가 될 것이다. 하지만 이때에도 품질 통계를 보면 모든 제품의 품질이 완전히 똑같지는 않다. 기준으로부터 허용 가능한 오차의 범위가 있을 테고, 이 범위를 벗어난 제품은 폐기된다. 똑똑한 엔지니어는 라인을 손볼 때 한 번에 한 가지씩만 바꿀 것이다. 속도를 바꿔보고, 작업자를 바꿔보고, 원재료를 바꿔보면서 각각의 경우에 전체적으로 품질이 개선되는지 악화되는지 살펴볼 것이다.

영업 미팅을 시작할 때 알렉스는 개별 계약에 초점을 맞추지 않는다. 엔지니어가 개별 제품에 초점을 맞추지 않는 것과 마찬가지다. 알렉스는 엔지니어처럼 큰 그림을 본다. 전체 '시스템'이 얼마나 효과를 발휘하고 있는지 살핀다.

알렉스는 당연히 일부 미팅은 계약으로 이어지지 않을 거라고 가정한다. 실패를 '당연히' 예상한다. 이전과 달라진 점이 있다면 그가 만든 영업 생산라인에서 실패란 자연스러운 과정의 일부임을 이미 알고 있다는 것이다. 제품의 X퍼센트에는 결함이 있듯이, 미팅의 X퍼센트는 실패한다.

그래서 알렉스는 모든 계약을 다 따내려고 하지는 않는다. 알렉스는 자신의 영업 시스템을 개선하려고 노력한다. '영업'이라는 공장 자체를 개선한다면 결과는 당연히 따라올 것임을 알기 때문이다.

계약이 성사되든 불발되든, 알렉스는 미팅이 끝나면 모든 영업 미팅을 낱낱이 해부한다. 프로세스를 지켰는가? 예상치 못한 상황이 나타났는가? 스토리를 준비해야 할 새로운 반론이 발견됐는가? 농담에 상대가 웃었는가? 좀더 연습해야 할 문장이 있는가? X, Y, Z에 대한 잠재고객의 반응은 어땠는가? 이번에 새롭게 시도한 게 있다면 그게 효과가 있어 보이는가?

끊임없이 실험하면서 자신의 영업 프로세스를 발전시킨다. 더욱 좋은 것은, 이렇게 하면 부담감을 완전히 떨칠 수 있다는 점이다. 그저 '실험'을 하는 것뿐이니까. 이제 더이상 영업은 알렉스의 내면적 성격을 반영하는 게 아니라 외적 프로세스에 불과하다.

알렉스가 매출 100만 달러를 목전에 둔 것도 놀랄 일은 아니다. 그보다 알렉스가 자신감을 되찾았다는 것이 더욱 중요하다. 그는 더이상 골든 암 미디어가 혹시라도 문을 닫을까 걱정하지 않는다. 알렉스는 자신이 꿈꾸던 삶을 살고 있다.

　　그러나 수백 달러짜리 통신 상품이나 수천 달러짜리 서비스 계약을 영업하는 것과는 차원이 다른 경우도 있다. 다음 장에서는 기술 기업을 운영하는 사업가 두 사람을 소개할 것이다. 이들은 아직 존재하지도 않는 무언가에 수백만 달러를 투자받기 위해 벤처 캐피털리스트를 설득했다. 그때 내가 만든 접근법이 어떻게 활용되었는지 살펴보기로 하자.

2장

당신이
주인공이다

1단계 신뢰와 어젠다

상대가 당신을 좋아하면
당신 말에 귀기울일 것이다.
상대가 당신을 신뢰하면
당신과 비즈니스를 할 것이다.

- 지그 지글러

The Introvert's Edge

베스와 에이미는 알렉스처럼 고객과 라포르를 형성하는 데 문제가 있지는 않았다. 두 여성은 『포천』 선정 500대 기업들이 사용하는 기술 솔루션을 만들었고, 기술 기업 상장 과정에 팀원으로 참여해본 적도 있었다. 새로운 사람을 만나고, 새로운 아이디어를 추진하고, 자신들의 생각을 남들에게 설득하는 것이야말로 두 사람의 커리어에서 핵심을 차지했다.

두 사람은 '교육 기술 스타트업'이라는 것이 생기기도 전에 벌써 교육 기술 기업을 설립했다. 회사를 출범시킨 두 사람은 자신들의 플랫폼을 전 세계에 출시하기 위해 투자자를 찾아 나섰다. 두 사람은 벤처 캐피털들을 돌아다니고 과거 인연이 있는 사모 펀드에도 연락했다. 다수가 이미 아는 사이였기 때문에 라포르는 문제가 아니었다. 그렇다면 뭐가 문제였을까?

신뢰였다.

이는 두 사람이 미덥지 않다는 뜻이 아니라 '확신을 불러일으키지 못한다'는 쪽에 가까웠다. 잠재적 투자자 앞에 서면 두 사람은 침착함을 잃었다. 둘은 반드시 '이' 투자자를 붙잡겠다는 욕망에 감정이 고조됐고, 혹시나 영업에(더 정확히 말하면 투자 유치에) 성공하지 못할까 하는 두려움에 이성이 압도되어버렸다.

투자자들 앞에서 직원의 입장으로 회사를 대표해 이야기하는 것과 사업주로서 내 사업을 위해 이야기하는 것 사이엔 엄청난 차이가 있다. 베스와 에이미에게 이 교육 기술 기업은 내 배로 낳은 자식이나 마찬가지였다. 두 사람은 이 회사를 꿈꾸었고, 창조했고, 키워냈다. 상품이 곧 열정이 되면 감정적 거리를 유지하기가 힘들다(사실상 불가능하다).

게다가 두 사람이 나를 소개받았을 즈음에는 이제 더이상 찾아갈 사람도 없는 상태였다. 둘은 이미 너무 많은 거절을 당해서 완전히 움츠러들어 있었다. 설상가상으로 돈도 거의 바닥나 가까스로 회사를 운영하고 있었다.

『사이언티픽 아메리칸』 2012년 4월호는 불안의 원인에 관한 여러 연구 결과를 실었다. 연구자들은 곰의 공격을 받든, 사람들 앞에서 연설하든, 일단 스트레스가 감지되면 동일한 생리 반응이 촉발된다고 지적했다. 신체가 투쟁-도피 모드(위험을 감지

한 순간 본능적으로 싸우거나 도망치기 위해 나타나는 우리 몸의 생리적 반응—옮긴이)에 돌입하면서 전전두엽이 위축된다는 것이다. 전전두엽은 뇌에서 추상적 사고와 합리적 추론, 장단기 기억, '사회성' 등을 담당하는 부분이다. 간단히 말해서, 스트레스를 받으면 우리 뇌의 똑똑한 부분이 제 기능을 못한다.

부담 없는 자리에서는 멋들어진 발표를 할 수 있는 두 사람이 수표 한 장으로 그들의 자식 같은 회사를 살릴 수도 죽일 수도 있는 사람들 앞에서는 차분함과 자신감을 상실했던 이유 역시 이 때문이 아니었을까 싶다.

1단계는 신뢰가 반이다. 알렉스는 신뢰를 구축하는 데 아무 문제가 없었다. 그는 어떻게 말해야 하는지 알고 있었고 자신의 전문성을 분명하게 보여줄 수 있었다. 그러나 베스와 에이미는 그보다 훨씬 덜 구체적이면서도 위험부담이 높은, 수백만 달러가 걸린 것을 팔아야 했다.

둘은 그런 부담감을 느꼈다. 여기에 다른 여러 가지 스트레스 요인들까지 가중된다면 누구라도 심리 상태가 엉망이 될 것이다. 발표하려고 자리에서 일어나는 순간부터 두 사람은 자기 손으로 일을 망치려고 작정한 사람들이나 마찬가지였다. 남들에게 수백만 달러를 투자해달라고 부탁해야 한다면 누구라도 초조할 테고, 특히나 이들처럼 수없이 거절당한 경험이 있다면 더 그럴 것이다. 그리고 내향적인 사람에게는 그 어려움이 몇 배가 된다. 실제로 내향성과 불안 사이에 상관관계가 있다는 사실은 여러 연구를 통해 명백히 증명됐다. 외향적인 사람은 말 그대로 우리만큼 불안해하지 않는다(부러워라).

내향적인 두 사람이 교육 상품 출시를 위해 수백만 달러를 유치해야 했을 때 자기 자신들이 가장 큰 방해물이 된 것은 놀랄 일이 아니었다. 두 사람에게 이 상품은 단순한 회사를 넘어 삶의 이유이자 인생의 목표였다. 반면에 둘의 발표를 듣는 사람들은 발표자들이 자신들의 스타트업이 '제2의 트위터'라고 하는 말을 귀에 딱지가 앉도록 들은 사람들이었다. 두 발표자의 자신감이 결여된 모습은 본인들 상품에 대한 확신이 부족한 것처럼 비쳤다. 두 사람이 만든 교육 미디어는 훌륭했고, 놀라운 성공담과 대단한 경험치, 근사한 발표 무대까지 있었지만, 여전히 두 사람에게서는 절박함의 냄새가 났다. 누가 되었든 앞에 있는 투자자가 그들에게는 또 한번의 마지막 희망이었다.

그리고 이는 벤처 캐피털리스트 입장에서는 매력적인 모습이 아니었다.

레이철 보츠먼은 2012년 TED 강연을 통해 오늘날 비즈니스에서 신뢰의 중요성을 강조했다. 사업을 함께하거나 투자를 받고 싶다면 상대가 나를 신뢰해야 한다. 이 말은 곧 상대에게 상당한 사회적 자산을 쏟아부어야만 똑같은 것을 돌려받을 수 있다는 뜻이다. 벤처 캐피털의 세계에서는 스타트업의 리더와 경영팀을 믿을 수 있느냐 하는 부분이 날로 더 중요해지고 있다. 점점 더 많은 스타트업이 똑같은 돈을 놓고 경쟁하기 때문이다. 벤처 캐피털은 여러분이 그들로부터 투자를 유치할 수 있을 뿐만 아니라 향후 만나야 할 대형 고객도 열 곳은 유치할 수 있다는 확신이 필요하다. 그래야 투자금을 회수하고 나아가 큰돈을 벌 수 있기 때문이다.

베스와 에이미는 먼저 불안을 제거할 필요가 있었다. 그래야 미팅에서 더 자신감 있게 보일 테고, 방어적인 모습이 아니라 여유로운 태도를 유지할 수 있으며, 첫 단추인 신뢰감을 확보하는 데 집중할 수 있기 때문이다.

절박함의 냄새를 풍기지 마라! 무심함의 힘

우리는 더 큰 문제와 연결되는 작은 문제부터 공략했다.

먼저 두 사람은 발표 내용과 정서적 거리를 유지할 필요가 있었다. 말은 쉬워도 실천하기란 쉽지 않은 일이다. 우리가 취업 준비를 할 때와 마찬가지다. 볼 수 있는 면접이 한 번뿐이라면 달걀이 모두 한 바구니에 있는 셈이다. '이번' 일자리를 놓치면 밥을 굶어야 한다.

베스와 에이미도 마찬가지였다. 보통은 예정된 투자 미팅이

한 번밖에 없었기 때문에 두 사람의 달걀은 모두 한 바구니에 들어 있었다. '이번' 투자자를 놓치면 다시 또 빈손이었다.

취업 면접에 관한 책들은 종종 적어도 두 개 이상의 면접이 기다리고 있을 때에만 면접을 보라고 조언한다. 그렇게 하면 이번 면접을 잘 보지 못하더라도 또다른 면접이 기다리고 있다는 사실을 알 수 있기 때문이다. 그렇다면 베스와 에이미는 다른 투자 미팅을 하나 더 잡기 전에는 투자 미팅을 해서는 안 되었다. 그러려면 두 사람은 더 바쁘게 돌아다니며 더 많은 '잠재고객'을 대기시켜두어야 했다. 그러려면 익숙한 영역을 벗어나서 기존의 인맥을 탈피한 곳까지 손을 뻗어야 했다. 여기저기서 소개를 받고, 잘 모르는 벤처 캐피털에도 연락해보고, 훨씬 더 많은 사람을 만나야 했다. 내향적인 사람이 결코 좋아할 만한 일은 아니다.

하지만 그런 연락을 할 때 두 사람은 잠재고객에게 회사의 아이디어를 설득하려고 들지는 않았다(그건 정식 투자 미팅에서 할일이었다). 대신에 정식 투자 미팅을 잡을 만큼 충분한 관심을 확보하려고 노력했다(이때 사용할 루틴, 즉 '프로세스'도 글로 미리 작성해두었다).

이렇게 하면 잠재적 투자자와의 미팅에서 투자 유치 가능성보다는 '연습'에 두는 의미가 더 커질 수도 있다. 하지만 그렇다고 해도 여기에는 더 큰 이점이 있다. '오늘 미팅을 망치더라도 내일 또다른 미팅이 있다'는 사실을 아는 것 말이다. 그리고 새로운 투자자를 만날 때마다 그날 오전 미팅이나 어제 있었던 미팅은 어땠는지, 오늘 오후나 내일 미팅은 얼마나 기대가 되는지 편안하게 이야기할 수 있었다. 이렇게 되면 많은 투자자들에게 익숙한 '우리는 파산 직전이라 당신 돈이 꼭 필요해요'라는 느낌을 줄 가능성은 거의 없었다.

두 사람은 투자자들을 대단한 사람처럼 우러러보는 데 익숙했다. 하지만 나는 그들도 그저 우리와 똑같은 사람이라고 알려주었다. 때로는 부부싸움도 하고, 차고 문을 열지 않은 채로 차를 후진시키기도 하고, 가끔은 짝이 맞지 않는 양말을 신기도 한다고 말이다. 투자자도 그저 사람일 뿐이다. 베스와 에이미가 투자자를 천국으로 가는 문의 열쇠를 쥔 신이 아니라 한 명의 사람으로 볼 수 있기를 바랐다.

이 모든 것들이 두 사람으로 하여금 당면한 미팅에 너무 감정적으로 휩쓸리지 않고 적당한 거리를 유지하게 해주었다. 이제 두 사람은 그 어느 미팅에 가도 한 번의 결과에 대해 지나치게 걱정하거나 불안해하지 않았고, 각각의 미팅에서 타고난 침착성과 자신감을 드러낼 수 있었다.

이 전략은 두 사람이 투자 유치를 '우연이 주는 기회'가 아니라 하나의 '프로세스'로 보는 데도 도움이 되었다. 둘은 이번 벤처 캐피털이 부디 각성하여 우리에게 투자하게 해달라고 기도를 올리는 대신, 투자자들을 더 객관적으로 대하게 되었다. 이제 두 사람은, 물론 여전히 중요하긴 했지만, 예전처럼 어느 한 번의 미팅에 맹렬히 매달리지는 않았다.

마치 압력 조절 밸브를 찾아낸 것과 같았다. 대기자의 수를 늘리면서 가능성 있는 투자 제안처가 점점 늘어가자, 다가올 미팅을 준비할 때조차 증기 빠져나가는 소리가 들릴 정도였다. 이들은 느긋한 태도로 훌륭한 대화를 나눌 수 있었고, 제대로 된 첫걸음을 떼면서 벤처 캐피털들을 설득해내기 시작했다. 머지않아 두 사람은 '두 군데'에서 수백만 달러의 투자 제안을 받았다.

나는 비슷한 전략을 IBM에서 일하는 메러디스를 코칭할 때도 사용했다. 메러디스는 억대 연봉을 받고 있었지만 몇 년째 업무가 똑같았다. 그녀는 IBM의 기업문화를 좋아했으나 번번이 승진에서 누락되고 여러 기회도 주어지지 않는 것에 좌절감을 느꼈다.

내가 봤을 때 메러디스의 문제점은 상사의 생각을 지나치게 걱정한다는 점이었다. 메러디스는 상사가 자신을 승진시킬 마음이 없는데 그를 너무 밀어붙일 경우 오히려 더 안 좋은 상황이 펼쳐질까 걱정했다.

나는 메러디스에게 다른 회사에 면접을 보게 했다. 정말로 옮기고 싶어서가 아니라 상사와의 관계에서 주도권을 쥐기 위해서였다. 정말로 다른 직장을 원하는 게 아니었기 때문에 메러디스는 절박하지 않았다. 일자리가 필요하다는 압박감이 없으니 결과에 대해서도 연연하지 않았다. 그렇지만 다른 회사가 10퍼센트 이상의 연봉 인상을 제안하는데도 IBM이 거기에 맞춰주지 않을 경우에는 그 회사로 옮기자고 했다. 메러디스는 내 말에 동의했고 구직에 나섰다.

나중에 메러디스는 당시에 자신이 실직 상태였거나 해고를 앞두고 있었다면 냉정할 수 없었을 거라고 말했다. 만약 그런 상황에 처해 있었다면 판단력이 흐려졌을 것이다. 메러디스는 "무심하게" 각 면접에 나섰다고 했다.

메러디스는 금세 뉴질랜드 최대 규모이자 호주에서는 네번째로 크며 30개국에 진출해 있는 ANZ 은행으로부터 취업을 제안받았다. ANZ는 지금보다 12퍼센트 높은 연봉에 메러디스가 꿈에 그리던 자리를 제안했다.

IBM에 입사한 이래 처음으로 메러디스는 상사의 의견을 신경쓰지 않고 그를 만났다. 메러디스는 자신이 결정한 사항을 알리면서 만약 IBM이 똑같은 조건을 제안한다면 남겠다고 했다. 일주일 후 메러디스는 글로벌 전략팀에 추천되었고 10만 달러에 가까운 연봉 인상을 제안받았다.

이 스토리에서 중요한 것은 메러디스가 나의 영업 프로세스를 활용해 더 큰 직책을 맡았다는 게 아니다(물론 활용하긴 했다). 이 스토리는 베스와 에이미의 경우에 비춰볼 때 우리처럼 내향적인 사람들이 스트레스 상황일 때와 다른 선택지가 있을 때 얼마나 다른 인상을 풍길 수 있는지 잘 보여준다. 다시 말해 내향

적인 사람이 무심해질 여유가 있을 때 어떤 일이 벌어지는지 잘
보여준다.

시스템에 집중하라

———

했던 이야기를 또 하고 또 하는 것처럼 들린다면 미안하다. 하
지만 베스와 에이미의 사례는 이 책이 전하는 가장 중요한 교훈
을 강조한다. 개별 판매가 아니라 시스템에 초점을 맞추라는 것
말이다.

영업에 관한 많은 책들이, 아마도 대부분의 책들이, 영업 상황
에서 이용할 수 있는 요령을 이야기한다. "잠재고객이 사용하는
언어를 써라." "상대의 태도를 그대로 따라 해라." "상대의 이름을
계속 거론하라." "계약을 하자고 청하라!" 하면서 말이다.

하지만 이런 식의 사고에는 그 기저에 어떤 메시지가 있는지
를 살펴보자. 이런 사고는 '이번' 판매에 초점을 맞춘다. 즉 '이번
에 팔지 못하면 당신이 뭔가를 잘못한 것이다. 즉 당신 탓이다.
당신이 제대로 한다면 상대는 끌려올 수밖에 없다'라고 말하고
있다.

하지만 이는 사실이 아니다. 아무리 뛰어난 영업자도 잠재고
객의 100퍼센트를 고객으로 만들 수는 없다. 나도 내게 연락해오

는 사람의 100퍼센트를 고객으로 만들 수 있다면 좋겠다. 하지만 그 정도로 뛰어난 사람은 어디에도 없다.

그런데도 영업과 관련해 널리 퍼져 있는 사고방식을 보면 실패는 그냥 떨쳐내버리고 다음번을 성사시키자고 한다. 마치 용을 죽이려고 기를 쓰는 기사처럼, 털북숭이 매머드를 죽이지 않으면 굶어야 하는 석기시대인처럼 말이다.

이는 모두 잘못된 생각이다. 나아가 당신이나 나처럼 내향적인 사람에게 저런 식의 사고는 엄청난 부담이 된다. 우리는 자신이 외향적이지 않다는 사실을 알고 있다. 우리는 이미 불리한 패를 손에 쥔 기분이다. 거기에 저런 식의 사고방식은 판매에 실패할 때마다 다음번 영업에 대한 초조함만 증가시킬 뿐이다. 말하자면 악순환의 고리다.

베스와 에이미가 복수의 미팅을 준비하기 시작했을 때 나는 두 사람에게 잠재적 투자자의 목록을 한번 죽 훑어보라고 했다. 두 사람이 모든 미팅에서 매번 투자금을 유치할 확률은 낮지만, 저중에 몇몇 미팅에서 투자금을 유치할 확률은 높지 않냐고 말이다.

그러자 두 사람은 미팅 중 일부는 실패할 수밖에 없다는 사실을 깨닫게 됐다. 그러면서 개별 미팅의 결과에 대한 집착을 내려놓을 수 있었다. 두 사람은 이제 시스템을 개선하는 데 초점을 맞추었기 때문에 거절을 당해도 예전처럼 마음의 상처를 크게 입지 않았다.

덕분에 두 사람은 더욱더 감정을 내려놓게 됐다. 바라던 결과가 나오지 않아도 자신의 잘못이라고 생각하지 않았다. 문제가 있는 것은 프로세스지, 두 사람이 아니었다. 거절을 당했다는 것은 '영업 방식이 잘못됐어요'라는 뜻이지, '당신은 바보 같은 생각을 가진 끔찍한 사람이야'라는 의미가 아니었다.

나는 여러분도 바로 이 점을 이해하길 바란다. 내가 이 책에서 공유하는 것은 영업을 성공시키는 요령이 아니다. 그것은 작은 것에 초점을 맞추는 방식이다. 나는 여러분이 마치 공장과 같은 프로세스를 갖추게 되기를 바란다. 믿을 만한 결과를 내는 하나의 프로세스 말이다. 우리는 개별 제품이 아니라 제품을 찍어내는 기계에 초점을 맞출 것이다. 개별 판매보다 시스템에 초점을 맞출 것이다.

달리 보면 우리는 일련의 실험을 하고 있는 셈이다. 실제 과학 실험처럼 여러분도 일련의 단계를 반복하는 것이 필요하다. 다른 것은 모두 상수로 두고(즉 매번 똑같이 하면서), 하나만 변수로 설정하라. 한 번에 하나만 바꾸면서 결과가 어떻게 달라지는지 보라. 무언가 개선이 이뤄지면 똑같은 실험을 여러 번 반복해서 해당 결과를 검증하라.

이렇게 하면 여러분만의 영업 시스템을 만들 수 있다. (농담이든, 스토리든, 질문이든) 한 번에 한 부분씩 끊임없이 프로세스를 개선하라. 수많은 영업을 해보면서 성공률이 높아지는지, 낮아지는지 보라. 여러분의 고객도, 시장도, 사업도 늘 변하고 있기 때문에 그에 상응하는 영업 프로세스 역시 바뀌어야 한다.

무언가가 실패했다고 해서 과학자가 그걸 본인 탓으로 돌리지는 않는다. 실패는 그가 계속 과학자로 남아서는 안 된다는 뜻이 아니다. 실패는 그저 실험이 효과가 없었다는 뜻일 뿐이다. 과학자는 실험에 변화를 주어서 다시 시도한다. 수명이 긴 전구를 발명하려고 노력할 때 토머스 에디슨은 이렇게 말했다. "나는 실패한 게 아니다. 나는 효과가 없는 방법을 만 가지나 찾아냈다."

나는 효과가 있는 방법을 적어도 한 가지는 찾아냈으니 여러분은 운이 좋은 편이다.

신뢰는 모든 것의 기초다

기본적 신뢰가 중요하다는 사실은 말이 필요 없는 부분이다. 그런데도 나는 또 이야기할 수밖에 없다.

물론 여러분도 이 사실을 알고 있다. 모두가 알고 있다. 하지만 누군가에게 무언가를 팔려고 할 때 우리는 저 깊은 골짜기를 건너는 것에 너무나 집중한 나머지 다리부터 건설해야 한다는 사실을 까맣게 잊고 마는 경우가 허다하다.

무언가를 건설할 때 가장 중요한 요소는 토대다. 토대를 제대로 만들지 못하면 그 위에 건설한 것들은 죄다 얼마 못 가 무너지고 말 것이다. 예컨대 내향적인 사람들은 담소 부분은 건너뛰고 곧장 비즈니스로 직행하고 싶어하는 경우가 많다. 내향적인 내 아버지도 이렇게 말하곤 했다. "사람들이 잡소리는 걷어치우고 곧바로 본론으로 들어가면 얼마나 좋을까(다행히 아버지는 사업가가 아니라 월급쟁이였다)."

우리는 종종 눈에 보이는 문제를 해결하고 싶어한다. 내가 알거나 함께 일했던 내향적인 사람들은 거의 대부분이 진정성을 핵심 열쇠로 자신의 삶과 사업을 대했다. 하지만 전화기 반대편에 있는 사람은 그 사실을 모른다. 일단 상대의 신뢰를 얻지 않고서는 아무리 상대의 문제를 해결해주고 싶어도 상대에게는 그게 그저 속임수나 상술로밖에 보이지 않는다. 우리는 잠재고객의 신뢰를 얻어야 한다.

로버트 치알디니 박사의 『초전 설득』을 보면 저자는 어느 회사의 판매왕을 따라다니며 그가 매번, 매달 남들보다 뛰어난 성과를 내는 이유를 찾는다. 몇 집을 방문했지만 치알디니는 눈에 띄는 특이점을 찾아내지 못한다. 판매왕은 치알디니가 아는 다른 영업사원들과 똑같은 프로세스와 접근법을 사용하는 것처럼 보였다. 치알디니는 끈질긴 질문과 추측으로 판매왕을 한껏 시달리게 만든 후에야 마침내 비결을 들을 수 있었다.

가정집을 방문해서 몇 분이 지나면 판매왕은 이렇게 말하곤 했다. "아, 차에 뭘 좀 두고 왔네요. 귀찮게 해드리기는 싫은데, 집 열쇠를 주시면 제가 금방 갔다가 돌아오겠습니다. 그래도 될까요?" 그러면 집주인들은 흔히 열쇠를 건네주었다. 그리고 그게 바로 이 판매왕의 비결이었다.

판매왕의 설명에 따르면 우리는 신뢰하는 사람에게만 집 열쇠를 준다. 잠재고객이 판매왕에게 열쇠를 건네준다는 것은 고객이 스스로 자신의 무의식에게 '나는 이 사람을 믿는다'라고 말하는 것이나 마찬가지였다. (이 책에서 보게 될 다른 많은 내용들과 마찬가지로) 너무 간단해서 과연 효과가 있을까 싶었지만, 그가 받는 커미션을 보면 믿을 수밖에 없었다.

내가 방문판매원들을 교육하던 시절에도 잠재고객이 집으로 들어오라고 하면 가장 먼저 이걸 물어보라고 했다. "신발을 벗고 들어갈까요?" 이 질문은 집주인에 대한 기본적인 존중을 나타냈다. 상대가 뭐라고 답하느냐는 중요하지 않았다. 중요한 것은 잠재고객에게 이 판매원이 사려 깊은 사람임을 보여줬다는 점이다. 역시나 간단해 보이겠지만, 한번은 이런 일이 있었다. 주드라는 영업사원이 슬럼프에 빠졌을 때였다. 나는 주드에게 다음번 미팅이 잘되지 않으면 미팅 도중에 곧장 나에게 전화를 하라고 했다. 전화기가 울리자 나는 주드가 상황을 설명하기도 전에 벌써 이렇게 물었다. "주드, 아래를 보세요. 뭐가 보이나요?"

"젠장, 제가 신발을 신고 있는 게 잘못된 거죠?"

그는 현관에서 신발을 벗는 루틴으로 다시 돌아갔고, 그의 매출도 제자리로 돌아갔다. 이것 역시 너무나 기초적이어서 과연 효과가 있을까 싶겠지만 주드가 받는 커미션 액수를 보면 다른 말을 할 수 없다.

누군가 환대를 해줄 때 그것을 받아들이는 것 역시 공손한 제스처가 된다. 내가 만약 누구의 사무실에 갔는데 상대가 음료를 권한다면 나는 언제나 달라고 한다. 언제나. 별것 아닌 것 같아도 이게 하나의 끈이 되어 두 사람을 이어준다. 보통 나는 차나 커피를 대접받는다. 오후 미팅의 경우에는 이렇게 농담을 한다. "감사합니다만, 오늘은 미팅을 세 번이나 하는 바람에 벌써 커피를 석 잔이나 마셨어요. 한 잔만 더 마시면 지붕을 뚫고 올라갈 수도 있을 것 같아요!" 그렇게 서로 웃음을 터뜨리고 나면 나는 이렇게 말한다. "혹시 물이 있으면 좀 주실 수 있을까요?"

요즘 나는 주로 물을 달라고 하면서 커피가 기분을 오락가락하게 만드는 것 같아 커피를 끊었다고 이야기한다. 대신에 마테차를 마시기 시작했다며 혹시 들어봤는지 물어본다. 그러면 줄줄이 대화의 물꼬가 트인다. 커피의 효용과 부작용, 커피를 포기하는 대신 치러야 하는 비용, 그럴 가치가 있는지 등등. 이렇게되면 나는 내가 관심 있는 무언가를 상대와 공유할 수 있어서 좋고, 커피를 포기하는 것에 관한 농담도 주고받을 수 있다.

신뢰. 신뢰는 모든 것의 기초다.

나는 신뢰를 두 가지 방향으로 공략한다. 인간적인 차원(라포르)과 직업적인 차원(직업적 신뢰)이다. 만약 상대가 당신을 좋아하기는 해도 당신이 그 일을 해낼 수 있다고 믿지 않는다면, 그는 당신과 함께 시간을 보내는 것은 좋아할지 몰라도 지갑을 열지는 않을 것이다. 반대로 훌륭한 솜씨로 상대에게 깊은 인상을 주긴 했으나 인간적인 차원에서 상대가 나에게 아무런 교감을 느끼지 않는다면…… 여전히 상대는 지갑을 열지 않을 것이다.

우리는 두 차원 모두에서 고객의 마음을 얻어야 한다.

'진짜 대화'로 라포르를 형성하라

앞서 이야기했듯이 '사람들은 상대가 나에게 얼마나 관심이 있는지 알기 전에는 상대가 뭘 아는지에 관심이 없다'. 뻔한 말이지만, 그건 아마도 그만큼 많은 사람이 이 말에 공감하기 때문일 것이다. 이 말은 영업에도 그대로 적용된다. 시드니로드에서 통신 상품을 팔 때 나는 상점 주인 앞에 서면 곧장 준비해놓은 말들을 줄줄이 읊었다. 아무런 라포르도 없이, 그 어떤 인간적 유대도 없이 말이다. 나는 그냥 장사치였다. 계약을 따내려고 기를 쓰는, 이름 없고 얼굴 없는 한낱 장사치에 지나지 않았다(그리고 그들이 나를 무례하다고 생각한 것은 덤이다). 하지만 내가 각 대화를 '진짜 대화'처럼 하기 시작하자 결과는 놀라웠다. 인간적인 차원에서 아주 작은 유대감만 형성해도 나에 대한 상대의 태도는 훨씬 더 긍정적으로 바뀌었다.

부탁할 일이 있어서 오래된 친구에게 전화를 걸었다면 여러분은 곧장 본론부터 말하겠는가? 아마 아닐 것이다. 친구와 그 가족들의 안부부터 확인하고, 잘 지내고 있는지 물어볼 것이다. 여러분이 하는 질문은 전화를 건 이유와는 아무 상관이 없겠지만 인간적인 차원에서 여러분이 친구를 걱정한다는 사실을 알려줄 것이다.

하지만 처음 보는 사람에게 배우자에 관한 질문은 하지 마라. 금방 어색해질 것이다. 상대의 건강 상태를 물어볼 필요도 없다. 진정성 없게 들릴 테니 말이다. 그러니까 여기서 대원칙은 상대가 답을 할 만한 질문이나 상대가 의견을 덧붙이기 쉬운 말을 하나 건네는 것이다. 만약에 여러분이 그곳에 간 이유와 전혀 상관없는 질문을 기꺼이 할 마음이 있다면, 그리고 상대의 답을 귀기울여 들어준다면, 상대는 무의식적으로 어쩌면, 정말로 어쩌면, 여러분이 악착같이 돈만 밝히는 장사치가 아닐지도 모른다고 느낄 수도 있다. 어쩌면 여러분을 그냥 한 사람으로 받아들일 수도 있다. 어쩌면 여러분이 상대가 하고 싶은 이야기를 끝까지 귀기울여 들어줄지도 모른다고 느낄 수도 있다.

무언가를 팔러 왔다는 느낌을 주지 않으면서도 어색한 분위기를 깨고 영업 미팅을 시작할 수 있는 적절한 방법은 어떤 것일까? 다음은 라포르를 형성하기 위해 나나 내가 코칭했던 사람들이 다년간 사용했던 방법들이다.

- 교통 체증(1장에서 보았다): "아이고, 2분 늦었네요. 죄송합니다. 여기 교통 체증은 갈수록 더 심해지는 것 같아요! 댁에서 여기까지 통근하시려면 얼마나 걸리세요?"

- 지역적 특성(전화통화일 경우): "링크드인을 보니까 [도시명]에 사시는 것 같더라고요. 저도 그곳에 [살았던 / 방문했던 / 지나쳤던 / 관해서 읽어보았던 / 아는 분이 살았던] 적이 있어요. 정말로 그렇게 살기 좋은가요?"

- 날씨(언제든 활용 가능): "세상에, 날씨가 너무 [덥지 / 춥지 / 좋지 / 멋지지] 않나요? 작년에 이런 날이 있었던가요?"

- 지나간 휴일: "[설날은 / 어린이날은 / 광복절은 / 밸런타인데이는] 잘 보내셨는지 모르겠네요."

- 다가올 휴일: "벌써 [휴가철이라니 / 추석이라니 / 크리스마스라니] 믿기지가 않네요. 재미난 계획 세우셨어요?"

- 가정집일 경우: "집이 정말 예쁘네요. 여기 사신 지 오래되셨어요?"

- 상점일 경우: "아까 보니까 ○○을 보고 계시더라고요. 오

늘 그것 때문에 나오신 건가요?"

(그건 그렇고 만약 상점을 운영하고 있다면 절대로 "도와드릴까요?"라고는 묻지 마라. 우리는 자라면서 점원한테 거절하는 게 너무나 익숙해져 있기 때문에 거의 자동 응답처럼 거절의 말이 나온다.)

시드니로드에서는 상점 주인에게 공감을 표시하는 것만으로도 충분할 때가 있었다. 예컨대 애먹이던 손님이 드디어 나갔다면 이렇게 말하는 것이다. "사장님도 오늘 하루가 만만치 않아 보이시네요!"

다시 한번 말하지만, 여기에 적힌 말들을 대사처럼 그대로 외우라는 얘기가 아니다. 라포르를 형성할 수 있는 두세 문장을 여러분 스스로 생각해내길 바란다. 여러분에게, 그리고 더 중요하게는 여러분의 고객들에게 자연스럽게 들리고 효과가 있는 문장이어야 한다.

잠재고객에게 개인적인(혹은 매력적인) 질문을 하면 여러분은 얼굴 없고 이름 없는 영업자에서 진짜 한 '인간'이 된다. 사람들은 물건 사는 것을 좋아하면서도 누가 의도적으로 나에게 무언가를 파는 것은 좋아하지 않는다. 상대가 여러분을 영업자가 아닌 다른 무언가(조언자, 전문적인 서비스 제공자, 컨설턴트)로 대하게 하려면 먼저 여러분 이마에 쓰여 있는 '영업자'라는 글자부터 떼어내야 한다. 잠재고객의 눈에 여러분이 무언가를 팔려고 하는 사람 그 이상으로 보여야 한다.

혹시 언어가 낯선 타국에 가본 적이 있는가? 아니면 언어가 통하지 않는 사람들과 함께 있어본 적이 있는가? 친구 한 명이 언젠가 태국에 갔다. 친구 앞에는 한 무리의 태국인들이 있었는데, 그들은 내 친구를 무시하며 태국어로 뭐라고 열심히 떠들었다. 그 사람들이 일부러 무례하게 대하려 했던 것은 아니고, 그냥 친구를 호기심의 대상으로 보는 듯했다. 친구가 태국어로 떠듬떠듬 몇 마디를 하자, 사람들의 태도가 싹 바뀌었다. 그들은 처음으로 내 친구를 한 명의 '인간'으로 본 듯했다.

누군가와 어떤 식으로든 인간적 차원에서 유대감을 형성한다는 것은 바로 이런 것이다. 귀찮은 존재, 잠재적으로 긴장을 유발할 수도 있는 존재였던 우리가 숨을 쉬고 살아 있는 한 인간으로 바뀐다. 상대가 여러분을 좋아하게 만들면 무의식적인 방어적 태도는 눈 녹듯 녹아내린다. 스물한 살 때 나는 토요일 파티에 가려고 셔츠를 하나 사러 갔다(나는 쇼핑을 싫어하지만 참석자 중에 운동 중독인 친구들이 몇몇 있어서 그들만큼은 괜찮아 보이고 싶었다. 그 친구들은 값싼 티셔츠를 입어도 근사하게 보이겠지만 나는 아니었다). 점원 한 명이 나를 데리고 다니며 쓸 만한 조언들을 해주었다. 그는 나에게 어울리는 옷과 그렇지 않은 옷이 어떤 것인지 알려주었다. 마음에 드는 옷을 하나 찾아내자, 그는 어울리는 다른 아이템들을 보여주며 그 아이템들이 내가 이미 고른 옷을 어떻게 보완하는지 설명해주었다. 그렇게 입고 시내에 나가면 자신감이 넘칠 거라고 계속해서 말해주었다. 그는 조합할 수 있는 근사한 옷 몇 가지를 추천해주었고 나는 더욱더 기분이 좋아졌다. 나는 속으로 이렇게 생각했다. '드디어 믿을 수 있는 패션 조언자가 한 명 생겼네.' 상점에 들어갈 때 나는 셔츠나 하나 살까 하는 마음이었지만, 나올 때는 3000달러어치의 옷을 들고 있었다.

이게 바로 신뢰의 힘이다.

사람들이 늘 방어적 태세를 유지하고 있다고 해서 그들을 비난할 수는 없다. 우리는 누구나 광고 메시지, 마케팅 메시지의 폭격을 받으며 살기 때문이다. 전화기에서부터 구글 검색, 라디오, 심지어 전자책 단말기에서까지 다들 어떻게든 한푼 벌어보려 한다. 어디 그뿐인가. 우리를 등쳐먹으려는 나이지리아 왕자까지 걱정해야 할 판이다(흔히 자신이 나이지리아 왕자나 사우디 귀족인데 일시적으로 해외 자금 송금에 문제가 생겼다며 송금을 유도하는 국제 온라인 피싱 범죄를 가리킨다—옮긴이). "믿기지 않을 만큼 좋은 기회로 들린다면, 안 믿는 게 맞는다"는 말도 있다. 누구나 경계심을 바짝 세우고 있고 그들이 틀렸다고 말할 수도 없다. 그리고 바로 그렇기 때문에 지금은 그 어느 때보다 신뢰를 구축하는 것이 중요하다.

여러분의 의도가 잘못된 것이 아니라면(당연히 그래야 한다) 여러분은 사람들에게 정말로 필요한 혹은 사람들이 정말로 원하는 제품이나 서비스를 제공하려고 노력중일 것이다. 사람들의 삶을 더 쉽게 만들고, 문제 해결에 도움을 주고, 돈을 벌거나 절약하게 해주고, 어떤 식으로든 정말로 이익이 되는 그런 제품이나 서비스 말이다. 그렇다면 여러분은 '장사치'라는 무리로부터 떨어져나와 나 역시 평범한 한 명의 인간에 불과하다는 사실을 보여주어야 한다. 여러분은 상대의 돈을 낚아채서 도망가려는 게 아니다. 여러분은 상대가 열심히 번 돈에 바가지를 씌우고 싶지도 않다. 여러분은 그저 상대의 상황을 충분히 고려하면서 자신이 준비한 것 중에서 상대에게 알맞은 게 있는지 알아보려는 것뿐이다.

라포르가 형성되었다면 상대의 기본적 신뢰를 얻는 데 절반은 온 셈이다. 다시 한번 말하지만 이 과정은 여러분의 정체성이나 직업에 맞게 진행해야 한다. 사업에 성공하기 위해서 여러분 스스로 자신이 진실하지 못하다거나 상대를 속이고 있다고 느낄 필요는 전혀 없다. 나는 수백만 달러어치의 상품과 서비스를 팔았지만, 단 한 번도 내가 진실하지 못하다고 느끼며 끝난 적이 없다.

그 열쇠는 라포르와 직업적 신뢰를 결합하는 것이다.

전문성을 보여줘라

이 책은 방문판매나 전화판매만을 위한 책은 아니다. 하지만 내향적인 사람들이 내가 만든 시스템으로 그런 최악의 경우까지 성공적으로 공략할 수 있다면, 그보다 덜 어려운 환경에서는 두말할 필요가 없을 것이다.

예전에는 고객이 어느 회사나 제품에 대한 정보를 얻을 때 영업사원이 주된 정보원이었다. 오늘날에는 요령 있는 구매자들은 이미 온라인으로 공부를 다 끝내놓고 판매자에게 연락한다. 2015년에 딜로이트에서 실시한 디지털 설문조사를 보면 쇼핑할 때 오프라인 매장을 방문하기 전에 해당 브랜드나 제품을 미리 알아보는 사람이 76퍼센트에 이른다. 따라서 요즘은 마케팅이 큰 역할을 해주어야 한다.

그러나 잠재고객이 나에 관해 혹은 내가 제공하는 상품이나 서비스에 관해 딴은 잘 안다고 생각하더라도 정말로 그럴까? 고객이 예습을 제대로 해서 경쟁자의 상품이나 서비스보다 훨씬 더 뛰어난 내 상품이나 서비스의 가치를 온전히 다 알고 있다고 정말로 믿어도 될까? 그렇지는 않을 것이다.

베스와 에이미는 팔아야 할 '상품'이 있었지만 먼저 접촉을 시도하는 쪽은 벤처 캐피털이 아니라 이들 두 사람이었다. 이들은 앞에 앉은 사람이 자신들에 관해 충분한 조사를, 혹은 조금이라도 조사를 했을 거라고 생각하기 힘들었다. 그렇기 때문에 이들은 마케팅을 이용해서 직업적 신뢰를 쌓을 수도 없었다.

여러분에게도 비슷한 상황을 가정해보려고 한다. 만약에 여러분이 끝내주는 마케팅 시스템을 갖고 있다면 좋은 일이다. 그 마케팅 시스템은 여러분이 이 책에 담긴 내용을 적용할 때 그 효과를 더욱 증폭시켜줄 것이다. 그런데 반대로 여러분이 끔찍한 마케팅 시스템을 갖고 있을 수도 있다. 아니면 마케팅 시스템이라고 할 만한 것이 아예 없을 수도 있다(후자에 해당하더라도 절망할 필요는 없다. 형편없는 것을 갖고 있는 것보다는 아무것도 없는 편이 나을 때도 있다). 여기서는 여러분에게 사실상 마케팅이라고 할 만한 게 전혀 없다고 가정해보자. 그래서 여러분은 마케팅을 활용해서 직업적 신뢰를 쌓거나 잠재고객의 기본적 신뢰를 획득할 수가 없다고 말이다.

대부분의 사람은 이 단계를 건너뛴다. 내가 하는 일, 내가 제공하는 상품이나 서비스, 내 서비스가 가진 가치 등이 나한테는 너무나 익숙하기 때문에 우리는 종종 잠재고객에게 나 자신을 제대로 소개해야 한다는 사실을 잊어버린다. 또 한편으로는 떠벌리는 것 같은 기분을 느끼고 싶지도 않을 것이다. 내가 어떤 수준의 가치를 전달할 수 있는지 제대로 알리려면 종종 자랑하는 것 같은 기분이 드는 것도 사실이다. 그러나 우리는 내가 마주한 혹은 전화통화를 나누고 있는 사람이 나의 가치를 즉각 이해하지는 못한다고 가정해야 한다. 그렇지 않다는 것을 내가 증명하기 전까지는 상대에게 나는 한 명의 장사치에 불과하다.

내가 도움을 주었던 전문 강연가 짐 코머도 바로 이 함정에 빠져 있었다. 짐은 라포르를 형성하고 대화를 주도하는 데는 아주 능했지만 직업적 신뢰를 쌓지는 못했다. 짐은 자신에게 전화를 걸어온 사람이라면 당연히 자신의 배경과 전문성의 수준을 알 거라고 가정했다.

대화를 한참 이어나가다가 짐이 강연료를 이야기하면 종종 이런 말이 돌아왔다. "우와, 제가 연락했던 다른 분보다 가격이 훨씬 높네요." 짐은 즉각 화가 났다. 이 잠재고객이 자신의 가치를 높이 평가하지 않는다는 생각이 들었다. 짐은 유명 코미디언 조앤 리버스와 밥 호프의 대본을 썼고, 뉴욕 타임스와 워싱턴 포스트에 논평을 했으며, 수백 개의 무대에서 수천 명 앞에서 발표를 했고, 『포천』 선정 500대 기업들과 거의 삼십 년 동안 협업을 해왔다. 그는 대단한 이력을 갖고 있었다.

그러나 잠재고객은 이런 부분까지 다 알지는 못했다. 잠재고객이 방금 전화를 끊은 강연가는 총 3번 정도의 강연 경험이 있는 새파란 젊은이였다. 문제는 짐이 비교우위에 있는 자신의 가치를 잠재고객에게 제대로 알리지 못했다는 점이다.

잠재고객이 가격에 놀란 것은 고객의 잘못이 아니라 짐의 잘못이었다.

그런데 대체 어떻게 해야 상대를 지루하게 만들지 않으면서도 그 모든 경험을 적절히 알려줄 수가 있을까? 짐과 나는 짐이 할 수 있는 방식으로, 절제되게 이야기를 꺼낼 수 있는 방법을 찾아냈다. 떠벌리는 것처럼 보이지 않으면서도 그의 대단한 이력을 보여줄 수 있는 방법 말이다.

그 문장들을 여기에 그대로 옮길 수는 없지만 우리가 생각해낸 대사는 대략 다음과 같았다.

(라포르를 형성한 후) 저는 항상 어떻게 알고 저한테 연락을 하셨나 궁금하더라고요. 혹시 유튜브에서 전국 자동차 딜러 협회 강연 영상을 보시고 연락을 주셨을까요? 참 뿌듯한 순간이었어요. 2만 5000명 앞에서 강연을 했으니까요. 마지막으로 제가 조회수를 확인했을 때는 6만 5000뷰 정도 됐었는데……

잠재고객이 짐을 어떻게 찾아냈는지는 중요하지 않다. 관건은 짐이 동네 친목 모임에서 쥐꼬리만한 사례금을 받고 강연하는 그런 강연가가 아니라는 사실을 알릴 수 있는 평계를 만드는 것이다. 그는 삼류가 아니라 일류 강연가다.

나는 스콧이라는 컨설턴트를 도와준 적이 있었다. 스콧의 경우에는 이 부분을 좀더 노골적으로 만들었다. 스콧은 잠재고객과 약간의 담소를 나눈 다음, 그날 미팅의 어젠다를 대략적으로 그려주었다. 그리고 몇 가지 기초적인 질문을 한 후에 이렇게 말했다. "비슷한 고객분들 얘기를 좀 해드리고 싶네요. 영광스럽게도 제가 ……와 함께 작업할 기회가 있었는데요."

이야기가 이 부분에 도달하면 스콧은 다음과 같이 말했다.

아, 그렇다면 왜 저를 찾아오셨는지 충분히 잘 알 것 같아요. 이전에 제가 작업했던 고객사와 정확히 같은 유형으로 들리거든요. 제 웹 사이트에서 보셨는지 모르겠는데, 운좋게도 제가 다양한 업종의 대형 고객들과 협업을 했어요. 마이크로소프트, 메이시스, 포르쉐, 스타벅스 같은 기업들이요. 비범한 사람들이 모여 있는 엘리트 집단과 함께 일할 수 있다는 게 저는 정말 즐겁더라고요.

스콧은 1분 정도 이런 이야기를 하면서 자신이 최고의 기업들과 협업했다는 사실을 분명히 각인시켰다. 그러면 그가 함께 일하는 전문가들로부터 존중받는 정말로 실력 있는 컨설턴트라는 신호를 보낼 수 있었다.

미팅에 이 부분을 넣기 전까지는 스콧 역시 높은 가격을 제시했을 때 짐과 비슷한 반응을 경험했다. "우와, 저도 컨설턴트가 될 걸 그랬네요." "아, 네, 알겠습니다. 그런데 뭔가 보장 같은 게 따라오나요?" 그리고 최악은 이것이었다. "알겠습니다. 생각해보고 연락드리겠습니다." 이 마지막 문장은 틀림없이 음성 메시지와 이메일이 몇 번씩 오가는 고문 끝에 계약이 불발될 전조였다.

하지만 스콧이 처음부터 본인의 전문성을 분명히 각인시키기 시작하자, 스콧의 가격이 여전히 예산 밖인 잠재고객들조차 반응을 완전히 다르게 했다. "우와, 저희가 모실 수 있으면 정말 좋을 텐데요!" "그 정도는 받으셔야 할 것 같아요. 다만 지금 저희 회사 형편으로는 약간 예산을 초과해요." "알겠습니다. 내부 조율을 한번 해보고 다시 연락드리겠습니다." 스콧이 가장 좋아하는 반응은 이것이었다. "(들릴 듯 말 듯 하게)아, 정말 계약하고 싶다."

그리고 스콧은 원하던 답도 더 자주 듣게 됐다. "좋은데요. 그렇게 하시죠." "완벽하네요. 계약서 양식 같은 게 있으실까요?" "알겠습니다. 동료들한테 가서 설득해볼게요."

차이를 알겠는가? '정말로 이 정도 가치가 있는 사람인가?'라는 의구심에서 '와, 진짜 잘하는 사람이구나! 돈만 있으면 계약할 텐데!'로 바뀌는 것이다. 위와 같은 소개를 통해 잠재고객은 이 사람의 가치를 어디쯤으로 잡아야 하는지 단서를 얻는다. 그렇지 않았다면 흔히 잘못된 정보를 바탕으로 생각해놓은 가격에 의지할 텐데 말이다.

조용한 사람들, 수줍음 많은 사람들이 관심을 끄는 것, 특히 노골적으로 관심을 끄는 것을 별로 좋아하지 않는다는 사실은 나도 잘 안다. 여러분에게 연단에 올라가서 그동안 거둔 업적들을 하나하나 열거하라는 이야기가 아니다. 여러분은 그냥 직업적 경험에 관해 잠재고객에게 힌트를 줄 수 있는 방법을 하나 찾아내기만 하면 된다. 이 작업은 빠를수록 좋지만, 제대로 해야 한다.

- ✦ 뭔가를 보내주겠다고 하라: "제가 잊어버리기 전에 이메일 주소를 좀 알려주세요. 최근에 제가 상을 받았던 시내 컨벤션 센터 디자인에 관한 기사를 보내드릴게요."
- ✦ 어떻게 나를 찾아냈는지 물어보라(짐 코머처럼).
- ✦ 상대가 내 웹 사이트에서 읽었을 법한 것을 언급하라: "저에 관한 추천사에서 보셨겠지만……"
- ✦ 최근에 있었던 고위급 미팅을 언급하라: "몇 주 전에 캐피털원 지점장님을 만났는데 요즘 시장이 ……라고 생각하시더라고요."
- ✦ 최근에 끝난 큰 출장이나 대형 프로젝트 때문에 요즘 조금 정신이 없다고 사과의 말을 하라.

다시 한번 말하지만, 이력서를 통째로 보내라는 얘기가 아니다. 여러분이 절대로 최저가를 받는 그런 사람이 아니고, 이 일을 오랫동안 직업으로 해온 전문가이며, 절박하지 않다는 힌트를 주기만 하면 된다.

어젠다를 숨기지 마라

──

내가 만든 접근법은 성공한 사람들이 썼던 방법을 앵무새처럼 따라 하라는 게 아니다. 그 사람들이 어떻게, 왜 그런 방법을 썼는지 알아내서 여러분 각자의 시장에 맞게 바꿔서 사용해야 한다.

늘 신발 벗는 것을 잊어버렸던 주드가 기억나는가? 주드는 라포르를 형성하고 기본적인 사업 능력을 보여주는 데는 아주 능했다. 하지만 그다음부터가 문제였다. 잠재고객들은 경계하며 방어적인 태도를 취하고 마음을 닫아버렸다. 매번 처음에는 화기애애하게 대화가 시작되었다가 금세 고객들이 얼어붙는 이유를 주드는 알 수가 없었다. 주드는 그게 영업사원에 대한 기본적인 불신 때문이려니 생각했다.

몇 번의 영업 미팅에 동행한 나는 단절된 지점이 어디인지 알아냈다. 처음에 농담을 약간 주고받고 직업적 신뢰를 쌓은 후 주드는 추가 질문을 하기 시작했다(2단계). 고객의 고충을 확인하기 위해서였다. 유능한 영업사원들이 으레 그렇듯이 주드는 고객이 정말로 필요로 하는 것을 팔고 싶었고 그 상품을 가장 돋보이게 설명하고 싶었다(4단계).

하지만 고객은 그 점을 몰랐다.

고객의 눈에 비친 것은 처음 보는 사람이 나타나서 한껏 매력을 부리다가 갑자기 자신을 취조하기 시작하는 것이었다. 주드는 고객의 사업과 지출 등에 관해 물어봤다. 고객 입장에서는 경쟁자가 절대 몰랐으면 싶은 그런 정보들이었다. 알지도 못하는 영업사원에게 그런 것을 자발적으로 알려줄 이유가 무엇인가? 이 사람은 대체 왜 이런 걸 물어보는 걸까?

나는 이렇게 말했다. "주드, 고객들이 당신을 신뢰하지 않는 게 아니에요. 고객이 당신을 충분히 신뢰할 만한 이유를 당신이 고객한테 주지 않은 거예요. 고객은 당신이 왜 그런 구체적인 정보를 알아야 하는지 맥락을 몰라요. 당신이야 이유가 있어서 묻는 것이지만, 고객의 사업 이윤을 높여주고 효율성을 올려주려는 것이지만, 고객은 그걸 전혀 모른다고요."

그래서 우리가 생각해낸 문장들은 다음과 같았다.

이제 사장님의 전화 사용 패턴과 사업 운영 방식에 관해서 제가 몇 가지 질문을 해야 해요. 그래야 사장님의 필요에 딱 맞는 솔루션을 만들어드릴 수가 있거든요. 괜찮으실까요?

이렇게 어젠다의 윤곽만 간단히 알려주어도 고객은 그의 질문을 어떻게 생각해야 하는지 힌트를 얻었다. 고객은 즉각적으로 방어 태세를 취하는 대신에, 주드가 자신에게 가장 도움이 될 방법을 찾고 있다는 걸 알 수 있었다.

또하나 중요한 것은 "괜찮으실까요?"라고 물어봄으로써 고객이 주드에게 질문 세례를 퍼부어도 된다는 허가를 내리게 만든 것이었다. 이렇게 되면 무의식적으로 고객은 자신이 질문에 대한 수동적 응답자가 아니라 질의응답의 한 축을 맡고 있다는 생각으로 답변에 임했다. 당연하게도 이 질문에 싫다고 한 사람은 아무도 없었다. 고객은 더이상 자신이 영업 술책에 넘어간다고 느끼지 않았다. 오히려 주드를 맞춤형 솔루션을 내놓으려는, 정보 많은 컨설턴트로 보았다.

더 좋은 것은 이렇게 되면 우리가 다들 안고 있는 한 가지 문제를 싹부터 제거할 수 있다는 점이다. 미팅에 참석해서 아직 제대로 시작조차 하지 않았는데 고객이 이렇게 말한 적이 있을 것이다. "저기, 비용이 얼마예요?" 하지만 미리 어젠다를 펼쳐놓으면 상대가 지금 구매하려는 게 단순한 기성품이 아니라는 메시지를 보낼 수 있다. 우리는 상대의 구매 의사를 타진하려고 영업용으로 준비된 말을 하는 게 아니라, 상대의 필요를 이해하고 우리 상품이 가진 이점을 잘 설명해주는 컨설팅을 할 것이다.

주드는 짧은 안내 정도에 그쳤다면, 스콧은 어젠다 전체를 알려주었다. 스콧은 상대와 농담이나 담소를 주고받은 후 이렇게 말했다.

○○ 씨, 전화주셔서 정말 감사해요. 저에 대해서, 또 제가 진행하는 절차나 제가 함께 작업하는 고객 유형에 대해서 간단히 설명드리기 전에 먼저 고객님에 관한 이야기를 조금 듣고 싶네요. 오늘 전화를 주시게 된 이유가 있을 테니까요.

이렇게 되면 여러 가지 이점이 있다. 첫째, 스콧에게는 절차가 있고 그가 전문가라는 신호를 보낼 수 있다. 이런 대화를 워낙에 많이 진행해봐서 대화가 어떻게 진행되어야 하는지 정확히 알고 있다고 말이다. 둘째, 스콧이 대화의 주도권을 확실하게 쥘 수 있다. 이 대화의 어젠다는 스콧이 이미 설정했고 고객은 자기 역할만 수행하면 된다.

그 결과 고객은 이제 마음을 놓을 수가 있다. 비록 스콧이 이상적으로 생각하는 고객은 주도적인 유형의 사람들이지만, 그런 고객들조차 스콧을 전문가로서 신뢰해도 된다는 사실을 알았을 때는 다행스럽게 생각했다. 왜냐하면 스콧이 전문가인 이상, 자신들은 느긋하게 따라가기만 해도 되기 때문이다.

대본을 보여줘라

사실 스콧은 그의 영업 시스템을 거의 예술의 경지로 끌어올려서, 고객들로부터 미팅이 정말 즐거웠다는 얘기를 많이 듣고 있다. 단순히 대화만 즐거웠던 것이 아니라 진정한 영업 전문가는 어떻게 영업하는지 볼 수 있어 좋았다고 말이다. 한때 본인은 영업을 할 수 없다고 믿었던 사람이 지금은 그런 이야기를 듣고 있다.

그전까지 스콧은 영업을 싫어했다. 스콧은 시간의 대부분을 마케팅에 쏟으면서 마케팅이 자신의 일을 대신 해주길 바랐다. 미팅 요청이 왔을 때 스콧의 '전략'은 고객이 마침내 가격을 물어볼 때까지 질문을 던지면서 어떻게든 대화를 이어가자는 게 전부였다.

지금 스콧은 전혀 모르는 고객에게서 연락이 와도 5만 달러짜리, 7만 5000달러짜리 계약을 계속해서 따내고 있다. 그는 정말 많은 것이 변했다. 첫째, 스콧은 이제 따라야 할 루틴이 생겼고 그래서 (베스나 에이미와 마찬가지로) '이번에는 꼭 잘해야지'라는 부담감이 사라졌다. 둘째, 스콧은 이제 영업 프로세스가 즐겁다. 그에게 영업은 더이상 극복해야 할 악몽이 아니라, 집중해서 그를 바라보고 있는 관객에게 멋진 연기를 전달하는 과정이기 때문이다. 스콧의 차분한 목소리와 자신감 있는 태도, 계약을 낙관하는 마음 자세는 훌륭한 대화를 나눌 수 있는 분위기를 조성하고, 고객 역시 그것을 느낀다.

이는 놀이동산을 대하는 디즈니의 접근법과도 유사한 면이 있다. 디즈니는 고객이 단순히 롤러코스터를 타러 온 것이 아니라 디즈니의 마법을 경험하러 왔다는 생각을 강화하기 위해서 놀이동산 내에서는 그들만의 특별한 용어를 사용한다. 그들은 직원을 '연기자'라고, 놀이동산에 있는 것은 '무대에 있다'라고, 고객이 없는 지역은 '무대 밖'이라고 부른다. 고객은 단순한 방문객이 아니라 초대에 응해준 '손님'이다.

여러분더러 팅커벨처럼 차려입으라는 얘기가 아니다. 내가 강조하고 싶은 것은 영업 미팅이 여러분에 대한 고객의 진짜 '첫인상'이 되는 경우가 많다는 사실이다. 그 첫인상이 끝까지 간다.

무대를 제대로 준비하라.

당신의 공장을 고객에게 맡기지 마라

영화 〈찰리와 초콜릿 공장〉을 본 적이 있는지 모르겠다. 윌리 윙카는 오랜 세월 그의 과자 공장에 숨어 지내며 조용히 그렇지만 꾸준하게 맛난 캔디 바를 만들어낸다. 그런데 하루 동안 그가 아이들을 공장 안으로 초대한 날, 모든 게 엉망진창이 된다.

아이들은 윙카의 초콜릿을 너무나 좋아하지만 당연하게도 공장에서 뭘 하면 좋은지는 전혀 알지 못한다. 아이들은 자신이 뭘 원하는지는 알지만 기계들을 잘 운영해서 공장이 꾸준히 초콜릿을 만들어낼 수 있게 하는 방법을 아는 사람은 오렌지색 난쟁이들(움파룸파)뿐이다.

영업 시스템도 마찬가지다. 여러분이 프로세스를 만드는 것은 사업의 어느 측면을 위해서다. 일관된 결과를 얻고 싶다면 일관된 프로세스가 필요하다.

매번 프로세스의 진행을 지켜보는 사람은 누굴까? 여러분이다. 그렇다면 프로세스를 진두지휘하기에 가장 적합한 사람은 누굴까? 당연히 여러분이다.

반대로, 이 프로세스가 가장 낯선 사람은 누굴까? 처음 오는 고객일 것이다. 프로세스 진행을 지휘하기에 가장 부적합한 사람은? 그들이다.

어젠다는 여러분이 정해야 한다. 그래야 영업 프로세스가 계획에 따라 진행될 수 있다. 어젠다가 없다면, 혹은 고객이 고삐를 쥐게 한다면, 여러분이 고객의 뒤를 쫓아가야 한다. 고객은 여러분 사업의 장기적 성공이나 커리어의 발전에 큰 관심이 없다. 여러분의 행복을 남에게 맡길 수는 없다. 여러분이 대화를 주도해야 한다. 앞으로 펼쳐질 상황을 통제해야 한다. 프로그램을 운영하는 사람은 여러분이 되어야 한다. 이 대화에 걸려 있는 것은 여러분의 안위이지 마주앉은 고객의 안위가 아니다.

뒤집어보면 이렇다. 대화를 주도하지 못한다면, 전체 과정을 주도하지 못하는 것이다. 고객으로 하여금 초콜릿 공장에 들어와서 아무 레버나 기어를 잡아당기도록 내버려두는 것이다. 고객은 어떻게 해야 최종 제품(양측이 모두 만족하는 성공적인 계약)이 나오는지 알지 못한다. 그건 여러분이 해야 할 일이다. 공장도 여러분의 것이고, 생산라인도 여러분의 것이다. 품질을 유지하고 프로세스의 일관성을 확보하는 것은 여러분의 책임이다.

고객들에게 투어를 시켜주는 것은 괜찮다. 그러나 고삐를 쥐여주지는 마라.

3장

노다지를 캐라

2단계 추가 질문

의료 분야와 마찬가지로
영업 분야에서도 진단도 하기 전에
처방부터 내리는 것은 위법이다.
- 짐 캐스카트, 『인간관계 판매법』

The Introvert's Edge

뉴욕에서는 어느 골목을 가나 노점상이 있다.

그들은 테이블을 설치하고 트렁크를 펼쳐 작은 장난감이며 모조품들을 꺼내놓고 일을 시작한다. 그들은 지나가는 행인이라면 죄다 꾀어보려 한다. 누구라도, 아무라도 그가 가진 것을 사주길 바란다.

지구 반대편 내 고향 호주 빅토리아주에서는 잭이 비즈니스 코칭에 관한 프랜차이즈를 운영중이다. 정교한 업무 내용에도 불구하고 영업에 관한 잭의 접근법은 주드의 방법보다는 뉴욕 길거리의 잡상인과 비슷했다.

주드가 어젠다를 공유하는 단계를 건너뛰고 취조실 모드(어두운 방에서 잠재고객의 머리 위에 등불만 하나 걸려 있었다면 완벽했을 것이다)로 돌입하는 쪽이었다면, 잭은 질문 자체를 모두 건너뛰고 곧장 준비된 연설로 돌입했다.

걸려온 전화를 받자마자 잭은 본인의 프랜차이즈가 제공하는 프로그램을 모조리 열거했다. 각 프로그램의 장점, 프로그램 구성, 가격 및 결제 방식, 이외에도 정말 정말 많은 것들을 말이다. 수화기 반대편에 있는 사람은 소화전 앞에 선 것처럼 정보의 물폭탄 세례를 받았다. 말이 끝난 잭은 뒤로 기대앉으며 잠재고객이 그 많은 옵션 중에서 무엇을 원할지 기다렸다. 상대는 아직도 물줄기를 뚫고 숨을 한번 쉬어보려고 노력중인데 말이다.

길거리 노점상처럼 잭은 자신이 가진 모든 것을 한번에 펼쳐놓고 뭐가 필요한지 고객의 결정에 맡겼다. 잭은 '영업'을 하고 싶지도, 잠재고객을 설득하거나 조종하고 싶지도 않았다. 잭은 물건을 꼭 팔려는 너저분한 판매원 같은 기분을 느끼고 싶지 않았다. 잭의 접근법은 자신이 판매하는 프로그램들을 보여주고 모든 걸 고객에게 맡기는 식이었다.

그러나 수화기 반대편에 있는 사람은 잭이 뭘 파는지 제대로 이해할 수 없거나(스스로는 이해했다고 생각하더라도) 해당 프로그램이 본인의 구체적인 필요와 요구에 맞는지 알 수가 없었다. 종종 고객들은 자신의 진짜 문제가 무엇인지조차 제대로 알지 못했다. 나를 고용하겠다고 연락해오는 사람들 중에도 본인이나 본인의 영업팀에 코칭을 좀 해달라고 말하지만, 알고 보면 영업 교육 가지고는 자신들의 문제를 일부밖에 해결하지 못하는 경우가 많다. 예컨대 질문을 좀 해보면 이미 포화 상태인 시장에서 경쟁중이거나 통일성 있는 메시지를 재정립하는 게 문제의 본질일 수도 있다. 고객은 종종 자신에게 뭐가 필요한지 모른다. 어쨌거나 고객은 전문가가 아니지 않은가? 전문가는 여러분이다.

출혈 지점을 찾아라

———

"사람들이 사고 싶은 것은 4분의 1인치짜리 드릴 날이 아니라 4분의 1인치짜리 구멍이다"라는 시어도어 레빗의 말을 알 것이다. 사람들은 '문제'가 해결되길 원하지, 문제를 해결해줄 '도구'를 사고 싶은 게 아니다.

나를 찾아오는 사람들 중에는 자신에게 필요한 게 영업 교육이라고 말하는 사람들이 있다. 그러면 나는 이렇게 말한다. "아뇨. 당신에게 필요한 건 더 많은 고객이죠. 음, 실은 더 많은 이윤을 내고 싶으신 것 아닌가요? 제 말은, 잘 생각해보시면 정말로 관심 있는 건 매출이나 고객을 늘리는 문제가 아닐 거예요. 결국은 더 많은 이윤을 창출하고 싶은 거죠. 그러니 어떻게 하면 그게 가능할지 함께 얘기해보시죠."

우리가 병원을 찾는다고 한번 생각해보자. 나는 의료 전문가가 아니다. 몸이 불편할 때 내가 아는 것이라고는 '뭔가 잘못됐다'는 사실뿐이다. 나는 내가 어떤 테스트를 받아야 하고 어떤 치료와 처방전이 필요한지 모두 다 아는 상태로 병원에 가는 게 아니다. 나는 도움이 필요하지만, 그게 어떤 형태의 도움인지 알 수 있는 전문 지식은 없다. 온라인에서 혼자 '검색'을 해볼 수는 있지만, 그랬다가는 잘못된 판단이나 황당한 자가 진단을 내릴 수도 있다.

그렇기 때문에 우리는 돈을 주고 전문가를 고용한다. 의사는 과거에 여러 환자를 치료했던 경험을 바탕으로 잠재적 원인을 도출한다. 그런 다음 점점 더 구체적인 질문을 계속함으로써 상당히 높은 적중도로 통증의 원인을 알아낸다.

허리가 아픈 것이 실은 신장에 문제가 생겨서일 수도 있다. 체중이 늘어난 것은 갑상선에 문제가 있다는 뜻일 수도 있다. 난독증이라고 진단을 받았지만 실제로는 얼렌증후군일 수도 있다.

3000달러어치의 옷을 고를 수 있게 나를 도와주었던 그 상점 점원을 내가 어떻게 생각했는지 알 것이다. '드디어! 믿고 조언을 구할 수 있는 사람이 나타났어!' 여러분의 잠재고객도 여러분을 이렇게 생각해야 한다. 의사나 회계사처럼 '조언을 철석같이 믿고 따를 수 있는 전문가'로 생각해야 한다.

오래전부터 나는 스스로를 영업자라고 칭하지 않았다. 실제로 나는 영업자가 아니다. 나는 컨설턴트다. 나는 단순히 제품이나 서비스를 파는 게 아니라, 사람들이 가진 문제에 관해 컨설팅을 해서 그들이 원하던 결과를 가져다준다. 상대가 달성하려는 목표를 알고 나면, 그러니까 상대의 진짜 아픈 곳 혹은 어려운 점이 무엇인지 우리가 서로 의견의 일치를 보고 나면, 나는 몇 가지 해결책을 제시할 수 있다.

마찬가지로 여러분도 잠재고객의 아픈 곳을 언급하는 것으로 끝나서는 안 된다. 물론 그편이 물건을 팔기는 더 쉽기 때문에 유혹적이기는 하다. 하지만 정말로 가치 있는 일을 하고 싶다면, 진짜 문제를 해결하는 데 초점을 맞춰야 한다. 만약에 내가 칼에 깊숙이 찔려 내출혈이 발생했는데 그 위에 반창고만 붙인다면 이는 문제가 보이지 않게 가려줄 뿐 출혈을 막아주진 못할 것이다.

영업 관련 문헌을 조금이라도 읽어보았다면 처음 듣는 이야기는 아닐 것이다. 여러분은 '아픈 곳을 찾아 추가 질문을 해야' 한다. 기저에 있는 원인(상대의 출혈이 가장 심한 곳)을 찾아내 해결책(상대의 병든 곳을 치유해줄 무언가)을 제시해야 한다.

의사의 경우처럼 잠재고객이 여러분을 마냥 믿어준다면 얼마나 좋을까? 여러분이 "자, 무슨 문제가 있으신가요?"라고 묻자마자 상대가 속내를 다 털어놓는다고 한번 상상해보라.

때로는 기꺼이 그렇게 하는 고객도 있을 것이다. 특히나 마케팅을 제대로 했다면 말이다. 내 경우에도 요즘에는 활발한 마케팅 덕분에 몇 주, 몇 달 전부터 예약한 잠재고객과 미팅을 할 때도 있다. 그러면 나는 예약해줘서 고맙다는 말과 함께 이렇게 대화를 나누게 된 것이 얼마나 감사한지 이야기한다. 그런 다음 내가 잠재고객의 웹 사이트도 살펴보고 예약 이메일에 담긴 내용도 읽긴 했지만, 그후로도 이미 여러 주 혹은 여러 달이 지났기 때문에 지금은 사정이 어떤지부터 묻고 싶다고 말한다. 지금 어떤 어려움이 있고 우리가 함께 할 30분 동안 가장 도움을 받고 싶은 부분은 무엇이냐고 말이다. 그러면 고객은 곧장 마음을 연다.

하지만 내가 통신 상품을 팔려고 가가호호 상점을 방문하던 때에 상점 주인들은 통신사를 바꿀 필요도 없었고 그럴 마음도 없었으며(어쩌면 그냥 관심 자체가 너무 없었던 것일 수도 있다) 아무것도 털어놓지 않았다. 그 상점 주인들이 갖고 있던 유일한 문제는 폴리에스테르 양복을 입은 여드름투성이의 십대 소년이 자신들은 애초부터 사고 싶지 않은 무언가를 팔려고 한다는 점이었다.

93번째 상점('영업자'로서 내가 처음 매출을 올린 곳)은 전당포였다. 가게 주인은 말하자면 허접쓰레기들을 사고팔고 있었다. 누군가 차던 시계, 낡은 스테레오 라디오, 중고 운동기구 같은 것들 말이다. 가게에 들어서면서 나는 이렇게 생각했다. '내가 대체 뭘 하는 거지? 왜 여기서 시간 낭비를 하고 있는 거야? 이 사람은 사업자용 통신 상품을 살 리가 없어. 아마 업무용 전화도 없을걸.'

그래도 나는 일단 들어갔다.

그런데 가게 주인은 마침 휴대전화를 마련해볼까 고민하던 중이었다. 물론 제일 저렴한 걸로 말이다. 대화를 이어가던 나는 이렇게 말했다. "사업용으로 휴대전화를 구매하실 거면, '1-800'(우리의 '080' 같은 것—옮긴이)으로 시작하는 전화번호도 필요하시겠네요. '04'(우리의 '010'에 해당—옮긴이)로 시작하는 광고 전화를 누가 합법적인 사업이라고 생각하겠어요?" 그도 공감했다. 조금 더 대화를 나누다가 나는 이렇게 말했다. "인터넷은 왜 가입 안 하셨어요?"

"가입해야 하나요?" 그가 물었다.

"당연히 하셔야죠. 비싼 임대료를 내가면서 여기에다 가게를 내신 건 사람들이 많이 오가는 곳이기 때문이잖아요. 그런데 컴퓨터를 가진 사람이면 '누구한테나' 물건을 팔 수 있다고 한번 생각해보세요. 뭐까지 가능한지 아세요? 제가 아는 어떤 분은……" 그리고 나는 그에게 인터넷 결합 상품을 팔았다. 인터넷을 쓰고 싶다면 유선전화가 필요했다(전화 모뎀을 쓰던 시절이다). 그래서 나는 유선전화도 팔았다.

무슨 얘기인지 알겠는가? 그는 이미 휴대전화 가입을 고려하고 있었다. 하지만 몇 가지 질문을 해보니 그가 바라는 것, 그에게 필요한 것이 더 많이 드러났다. 나는 그가 바라는 것에 우리 회사가 제공하는 것을 매치시켰다. 그랬더니 부지불식간에 첫 판매가 성사된 것이다.

만약에 내가 그냥 브로슈어나 꺼내서 전당포 주인에게 보여주며 "저희 상품에는 이런 것들이 있어요. 이중에 뭘 원하세요?"라고 말했다면, 그는 그냥 휴대전화 요금제만 골랐을 테고, 나는 거기에 해당하는 계약서를 쓰고 그곳을 나왔을 것이다.

하지만 나는 그렇게 하지 않고 질문을 했다. "이메일이 있으면 사업에 어떤 이점이 생길지 생각해보신 적이 있나요? 사람들이 휴대전화 통화료(당시에는 1분 통화에 42센트였다)를 내고 싶지 않아서 전화를 망설이지는 않을까요? 선생님께서도 무료 통화인 게 좋아서 '1-800' 번호를 써보신 적 있지 않나요?

나는 노련한 영업사원은 아니었다. 질문을 통해 고객의 니즈를 알아내는 방법도 몰랐다. 내가 여러 질문을 하게 된 것은 순전히 우연이었다. 그가 휴대전화만 가입했을 경우 내가 받게 될 20달러보다는 더 많은 커미션을 받고 싶다는 절박함에서 나온 행복한 우연 말이다. 결국 나는 세 배가 넘는 커미션을 성공시키고 그 가게를 나왔다.

너무 많은 정보는 독이다

내향적인 사람은 남의 말을 들어주는 것을 아주 잘한다.

레슬리 소드의 「내향적인 사람은 복 받았다」라는 글을 보면 이 재능을 아주 잘 설명해놓고 있다. 소드는 내향적인 사람에 관해 논하면서 다음과 같이 썼다.

> 내향적인 사람은 심사숙고하여 세상을 이해하며, 깊은 고민 없이 대답하거나 행동하는 것을 선호하지 않는다. 내향적인 사람은 정보를 기꺼이 받아들이고 아마도 제대로 이해했는지 몇 가지 질문을 할 것이다.
> 그들은 외향적인 사람들처럼 질문이나 의견으로 상대의 말에 자주 끼어들지는 않을 것이다. 내향적인 사람은 정보에 대해 반응하기 전에 그 정보를 '소화할' 시간이 필요하다.

안타깝게도 우리는 내가 '알았다' 싶으면 질문은 그냥 건너뛰고 곧장 답으로 직행하고 싶은 마음이 굴뚝같을 때가 많다. 알렉스 머피도 바로 이런 문제를 갖고 있었다. 고객이 겪고 있는 문제를 대략 설명하기 시작하면 똑똑하고 노련한 알렉스는 상대에게 필요한 게 무엇인지 정확히 알았다. 그래서 그는 질문을 건너뛰고 곧장 문제 해결 모드로 직행하곤 했다. 또한 알렉스는 열심히 듣기는 했으나 고객에게 공감을 표시한다거나 충분히 이해했다는 뜻을 표현하지는 않았다.

그러니 기본적 신뢰를 구축할 수가 없었다. 잠재고객은 여러분을 알지 못하고 여러분이 문제를 제대로 이해했다는 느낌조차 들지 않는데 어떻게 여러분이 내놓는 해결책을 신뢰할 수 있겠는가?

2단계는 단순히 질문을 통해 문제가 무엇인지 알아내자는 게 아니다. 여러분이 진심으로 도와주려 한다는 사실을 고객이 느낄 수 있게 하는 것이 중요하다. 여러분이 상대의 문제를 온전히 이해했다는 것, 그리고 가장 중요하게는 여러분이 고객의 이야기에 진심으로 귀를 기울였다는 것을 고객이 느낄 수 있어야 한다. 다시 말해 고객의 문제가 뭔지 알았다고 '여러분'이 느끼는 것만으로는 부족하다. 여러분이 제대로 이해했고 또 걱정한다는 사실을 '고객'이 알 수 있어야 한다.

잭의 문제점은 아는 게 너무 많다는 점이었다. 나도 그런 경험이 있다.

전당포 주인을 상대로 판매를 성사시킨 후 몇 달이 지났을 즈음 영업 슬럼프에 빠졌던 나는 아버지에게 이렇게 불평했다. "내가 뭘 잘못하고 있는 건지 도무지 모르겠어요."

아버지가 물었다. "그 일을 처음 시작했을 때 너는 얼마나 알고 있었니?"

답은 쉬웠다. "아무것도 몰랐죠. 진짜 아무것도요. 상품 이름만 다 기억해도 행운이었어요."

"그래, 그러면 지금은 얼마나 아니?"

"아, 아빠. 전부 다요! 우리 상품에 관해서라면 모조리 꿰차고 있어요. 그러니까 더 이해가 안 되는 거예요. 사람들이 왜 저한테서 상품을 안 사는지. 뭐든지 다 설명해줄 수 있는데. 전부 다 하나하나 설명해줄 수 있는데 말이에요."

아버지가 말했다. "그러면 그게 문제가 아닐까?"

처음에 나는 아버지의 질문이 말도 안 되는 대꾸라고 생각했다. 한참을 더 이야기한 후에야 나는 어쩌면 아버지의 말이 옳을 수도 있다는 걸 인정할 수 있었다. 이전에는 어느 가게에 들어서면 나는 우리 상품에 관한 이야기는 거의 하지 않고 잠재고객이 얼마를 절약할 수 있을지에 관해서만 이야기했다. 그런데 제품에 관한 지식을 많이 습득한 지금 나는 정보 전달에 더 초점을 맞추고 있었다. 나는 내가 석 달간 알게 된 것을 5분 안에 다 이야기하려고 했다. 모든 게 과했다. 너무 많은 정보와 너무 많은 옵션을 너무 빨리 이야기했다.

잭도 마찬가지였다. 그는 십 년 치의 지식을 갖고 있었고 첫 전화를 받자마자 그걸 모두 다 늘어놓았다. 우리는 둘 다 잠재고객이 알아야 할 내용에 초점을 맞추는 게 아니라 너무 많은 정보를 쏟아내고 있었다.

심리학자 배리 슈워츠는 『선택의 심리학』에서 선택지가 너무 많은 게 우리에게 손해가 되는 경우를 보여준다. 우리는 종종 단순하게 선택하지 못하고 '딱 맞는' 선택을 하겠다는 욕구에 휘둘려 초조함을 느끼다가 오히려 아무것도 못하기까지 한다. 한 예로 두 연구자가 마트의 쇼핑객들을 조사한 적이 있었다. 진열대 위에는 잼이 6종 놓여 있는 날도 있고, 24종 놓여 있는 날도 있었다. 쇼핑객들은 잼이 6종밖에 없으면 24종이 있을 때보다 잼을 구매할 확률이 '열 배'나 높았다.

선택지가 줄어들자 판매량이 늘어난 것이다.

그래, 뭐 사람들이 잼을 좀 적게 살 수도 있지. 그게 뭐 대수라고…… '대수' 맞다. 슈워츠는 훨씬 더 중요한 사례를 지적한다. 노년에 스테이크를 먹을지, 정어리를 먹을지 결정할 수도 있는 문제다.

슈워츠의 동료 한 명이 대형 금융 회사 뱅가드가 가지고 있던 퇴직 연금제도 가입자 백만 명분의 데이터를 입수해 분석해보았다. 그는 고용주가 제시하는 뮤추얼 펀드가 열 개 늘어날수록 퇴직자 연금제도에 가입하는 사람이 2퍼센트씩 '줄어드는' 것을 발견했다.

노년을 어떻게 보낼 것인가 하는 문제처럼 중요한 사안이라면 사람들이 투자를 상당히 진지하게 결정할 거라고 생각할 것이다. 하지만 선택지가 많아질수록 사람들은 아예 결정 자체를 내리지 않을 가능성이 커졌다.

이게 바로 잭과 내가 각자의 상황에서 저지르고 있던 실수다. 우리는 잠재고객에게 너무 많은 정보를 주는 바람에 그들이 '생각해봐야' 하거나 '나에게 맞는지 확신을 못하게' 만들었다.

나는 고객에게 정보를 떠넘기는 대신, 의미 있는 질문을 하는 쪽으로 되돌아갔다. 잠재고객의 대답을 열심히 듣고 한두 가지 선택지를 제시하면서 상대가 쉽게 결정을 내리는 데 필요한 사항을 알려주었다. 효과가 있었다. 매출은 즉각 회복됐다.

잭과 함께 작업할 때 나는 이런 내 경험에 비추어 그의 영업 문제를 해결할 실마리를 얻었다. 잭은 자신이 제공할 수 있는 프로그램을 모조리 펼쳐놓는 게 아니라, 한 걸음 물러나서 이런 말로 대화를 시작했다. "음, 가장 문제가 되는 게 뭔가요?" 애초에 잠재고객이 전화기를 집어들게 만든 문제는 무엇인가? 대체 무슨 일이 있었기에 잭이 그 문제를 해결해줄 수 있다고 생각(또는 희망)했는가?

매출은 회복됐다.

질문의 힘

사업을 어느 정도 하다보면 결국에는 계속해서 같은 질문을 듣게 되는 시기가 온다. 하지만 우선은 최악의 시나리오를 한번 시작해보자. 여러분은 이제 막 사업을 시작했고, 아직 누구와도 이야기를 나눠보지 못했고, 뭘 물어야 할지도 전혀 모른다고 말이다.

나도 열네 살 때 바로 이런 경험을 했다. 다만 나는 물건을 파는 게 아니라 내가 쓸 컴퓨터를 살 방법을 궁리중이었다. 우리 부모님은 컴퓨터를 사줄 형편이 안 되었기 때문에(당시에는 컴퓨터가 수천 달러씩 했고, 우리집은 부자가 아니었다) 나는 맥도날드에서 아르바이트하며 번 돈으로 컴퓨터를 한 대 조립하기로 마음먹었다. 지역신문의 광고를 훑어보니 많은 상점이 똑같은 부품을 전혀 다른 가격에 팔고 있었다. 궁금해진 나는 큰 상점 한 곳에 전화를 걸어 어느 부품을 X달러에 살 수 있는지 물었다.

"아니, 학생. 그 가격에는 나도 못 사와."

눈으로는 다른 상점의 광고를 보면서 내가 이렇게 말했다.

"어, 저, 그게, 저는 사올 수 있을 것 같은데요. 만약에…… 제가 더 싸게 사올 수 있으면 어쩌세요? 저한테 사시겠어요? 차액을 전부 달라는 얘기는 아니고요…… 반반씩 나누는 정도면 어떨까요?"

딸깍.

그는 그냥 전화를 끊어버렸다. 그렇다. 내향적인 나는 마음의 상처를 받았다. 하지만 컴퓨터를 사고 싶은 마음이 너무 컸다. 어찌나 간절했던지 내가 시도하고 있는 방법이 실제로는 불가능하다는 것조차 눈치채지 못할 정도였다. 아니면 그냥 지나치게 고집스러웠던 것인지도 모르겠다. 십대란 원래 다 그렇지 않은가.

이상한 지점에서 집요한 구석이 있는 나는 부품을 싸게 파는 가게들과 비싼 값을 받는 가게들을 목록으로 만들었다. 그리고 하나씩 전화를 걸며 어떻게든 이 방법을 성공시켜보려 했다.

열네 살짜리는 목소리에서 티가 난다. 누가 들어도 나는 어린 애였다. 정상적인 꼬마는 아니었던 게 분명하다. 대체 어느 십대 소년이 자기가 상점들보다 더 싼값에 부품을 구할 수 있다고 생각한단 말인가? 전화를 받은 사장님들 중에는 이게 무슨 신종 사기인가 의심했던 사람도 분명 있을 것이다. 전화를 받았는데 십대 소년이 다짜고짜 "저기, 컴퓨터 부품 가격을 좀 아낄 수 있게 해드릴까요?"라고 한다면 대체 어느 누가 진지하게 받아들인단 말인가? 나에게 불리한 게임이라는 걸 알 수 있었다.

그런데 한 통, 한 통 전화를 걸면서 나는 내 질문이 달라지면 상대의 답도 달라진다는 사실을 알게 됐다. 나는 상대의 관심을 붙잡아두는 것처럼 보이는 질문들을 서로 조합하기 시작했다. "애야, 장난치니? 아저씨 바쁘단다"로 시작되던 대화가 "그렇지, 부품을 얼마나 싸게 살 수 있느냐는 매출과 큰 관련이 있지. 그래, 더 싸게 살 수 있다면 관심이 갈 것 같아"로 바뀌었다.

시행착오를 거듭하면서(소위 '실험') 전화를 40통 정도 돌리자, 특정한 순서로 물었을 때 상대의 관심과 참여를 높일 수 있는 의미 있는 질문들이 쌓이기 시작했다.

아마도 50~60통 정도(내가 얼마나 간절히 컴퓨터를 원했는지 알 수 있다)를 돌렸을 때 마침내 나는 매니저 두 명에게서 도박을 해보겠다는 답을 들었다. 차액의 반을 가게 포인트로 지급해주겠다고 말이다. 나는 바삐 움직였고 두 달 만에 상점 두 곳에 쌓인 포인트만으로 내 컴퓨터에 필요한 부품을 모두 살 수 있었다.

(그러고 나서는 그만뒀다. 새로 장만한 컴퓨터를 가지고 노느라 너무 바빠서 돈 버는 데 시간을 낭비할 틈이 없었다. 모를 일이다. 어쩌면 내가 부모님 집 창고에서 컴퓨터를 조립하며 호주의 마이클 델(델 컴퓨터의 창업자—옮긴이)이 됐을지도. 에구, 멍청하기는.)

궁극적으로 그 두 상점이 나에게 모험을 걸도록 만든 비결은 다음과 같았다.

- ✦ 올바른 질문을
- ✦ 순서에 맞게 해서
- ✦ 문제의 핵심을 건드리고
- ✦ 내가 상대의 필요를 잘 이해하는 사람이라고 생각하게 만든다

올바른 질문들이 내게 첫 컴퓨터를 장만해줬다.

비즈니스 교육기관인 폴러드 인스티튜트를 설립해서 영업 프로세스를 마련할 때 나는 우리가 제공하는 게 비즈니스 교육이기 때문에 질문 프로세스를 글로 정리할 수는 없을 거라고 생각했다. 우리가 판매하는 상품은 내용이 복잡했다. 우리에게 교육

을 받으러 오는 사람들은 온갖 업종, 다양한 분야에 속해 있었다. 하지만 얼마 지나지 않아 나는 한 가지 패턴을 발견했다. 상대의 관심과 참여를 높이고 결국에는 매출로 이어지는 질문들이 분명히 있었다. 8~9개월이 지난 뒤 나는 '이럴 필요가 없지'라고 깨닫고 우리 영업팀이 사용할 질문 목록을 써내려갔다. 매출은 지붕을 뚫고 올라가 300퍼센트가 늘었다. 이후로 다시는 질문의 힘을 의심하지 않았다.

판매로 이어지는 질문은 따로 있다

수많은 사람이 이렇게 말한다. "아, 질문을 해야 하는군요! 제가 문제가 뭔지 찾고 있다는 걸 고객이 알 수 있게!"

그러고 나서 질문을 하고…… 또 하고…… 또 한다.

이들은 아무 목적이 없어 보인다. 질문을 위한 질문을 하기 때문이다. 그렇게 되면 결국 고객은 실망하고 시간만 낭비된다. 어떻게 해야 질문을 전략적으로 선택할 수 있을까? 어떻게 하면 의미 있는 질문을 짜임새 있게 배치할 수 있을까? 먼저, 일련의 질문을 미리 준비해놓아야 한다. 마구잡이식으로 물어서는 안 된다. 신중하게 준비해둔 질문이라면, 대부분의 경우에는 다시 내 프로세스 안에 있는 질문으로 연결된다.

나는 우리 영업팀이 사용할 질문 목록을 만들었다. 시작은 고객에게 이렇게 말하는 것이다. "정확하게 저희가 뭘 할 수 있고 어떤 도움을 드릴 수 있는지 자세히 설명을 드리기에 앞서, 먼저 몇 가지 여쭤보도록 할게요. 그래야 고객님께 딱 맞는 솔루션을 마련할 수 있거든요. 괜찮으실까요?"

이렇게 물어보는데 거절할 사람은 아무도 없다. 누구나 자신만을 위한 '맞춤형' 물건을 원하기 때문이다. 앞서 말했듯이 누구나 상대가 내 말에 정말로 귀를 기울이고 있는지, 아니면 나를 그저 숫자나 매출로 보고 있는지 알고 싶어한다. 게다가 우리는 이 질문을 통해 상대에게 다음 단계로 넘어가도 될지 공손하게 허락을 구했다. 우리는 소화전에서 뿜어져나오는 물줄기처럼 일방적으로 정보를 쏟아내고는 '계약하자, 계약하자' 우기는 불도저가 아니었다. 우리는 소극적이고, 느긋한 컨설턴트들이었다. 알다시피 내향적인 사람들은 원래 그렇지 않은가.

잭의 경우 첫 질문은 보통 다음과 같이 간결했다. "지금 현재 사업상 가장 큰 문제는 뭔가요?"

나는 잭에게 상대의 답을 귀기울여서 들은 후 이렇게 말하라고 했다. "X나 Y를 제가 도와드릴 수는 없지만 Z의 경우에는 제가 도움을 드릴 수 있어요. 우리가 Z에만 초점을 맞춰도 괜찮을까요?"

예를 들어 상대의 문제 중 하나가 '일에 너무 많은 시간을 쓰는 것을 배우자가 원치 않는다'는 점이라면 여러분이 부부 상담 전문가가 아닌 이상, 상대를 도와줄 제품이나 서비스는 보유하고 있지 않을 것이다. 해결할 수 없는 문제를 해결할 수 있다고 약속하지 마라(나중에 내가 가진 제품이나 서비스의 이점을 설명하면서 이 부분을 활용하는 것은 괜찮다. '일하는 데 너무 많은 시간을 쓰는 것'은 다른 문제, 예컨대 '시스템의 부재'라든가 '시간 관리의 비효율'처럼 더 큰 문제가 증상으로 드러난 것이다).

그런 후에 잭은 다음과 같이 물었다. "그러면 이걸 문제라고 느끼는 사람은 누구인가요? 사장님이신가요? 아니면 직원 중에 그런 고충을 토로한 사람이 있나요?"

만약에 사장님이 그걸 문제라고 느낀다면 돈을 주고서라도 그 문제를 해결할 가능성이 크다. 하지만 만약 직원이 그걸 문제라고 이야기했다면 사장님은 그 문제를 해결하기 위해 비용을 들이는 게 탐탁지 않을 수도 있다. 그 문제 때문에 직원이 회사를 나갈 수도 있고 그렇게 되면 정말로 큰 손실이 될 테니 사장님 스스로 이건 큰 문제라고 깨닫지 않는 이상에는 말이다.

우리가 작업을 끝냈을 때 잭의 프로세스는 이보다 좀더 복잡했지만, 결국은 이 질문들이 기본틀이 되어 잭은 계속해서 자신의 질문 목록을 진화시켜나갈 수 있었다. 잭은 계속해서 더 준비된 상태로 고객을 만날 수 있었고, 그렇게 준비가 많이 될수록 플로차트 형식으로 된 프로세스를 활용하기도 더 쉬워졌다. 예를 들어 고객이 A라고 답하면 잭은 2번 질문을 하고, B라고 답하면 4번 질문을 하는 식으로 말이다.

고객이 뭘 원하는지만 알아내면 잭은 어떤 프로그램을 추천해야 할지 금세 판단할 수 있었다. 더 나아가 상대가 답한 내용을 출발점으로 삼아 해당 프로그램의 이점을 설명함으로써 왜 이 프로그램이 상대에게 완벽히 들어맞는지 이야기할 수 있었다.

가격을 듣고 기겁하는 고객들 때문에 힘들어했던 강연가 짐 코머를 기억할 것이다. 짐의 경우에도 우리는 다음과 비슷한 질문 목록을 만들었다.

+ 지난번 강연자는 어땠는가? 만족했는가?
+ 짐의 강연이 그와 비슷하길 바라는가, 다르길 바라는가?
+ 유료 입장권을 판매하는 강연인가?
+ 강연을 녹화할 예정인가?
+ 문의자는 협회인가, 아니면 다른 형태의 비영리 목적 모임인가?
+ 콘퍼런스를 통해 얻고 싶은 것은 무엇인가?
+ 어떤 결과를 달성하고 싶은가?
+ 강연자가 여럿인가?
+ 관객의 규모는 어느 정도로 예상하는가?

짐은 이런 질문을 통해 얻은 답으로 나중에 자신이 왜 상대의 요구에 딱 맞는 강연자인지 잠재고객에게 설명할 수 있었다(그리고 간접적으로 자신의 가격을 정당화할 수 있었다).

자, 저들에게는 이 방법이 그렇게 좋았는데, 여러분은 어떨까? 만약 여러분이 하는 사업은 근본적으로 성격이 다르다면? 여러분의 사업이 곧 문을 열 텐데 오늘 당장 질문 목록이 필요하다면? 어떻게든 여러분이 반드시 물어봐야 할 기본 질문 네 가지는 다음과 같다. 이를 시작점으로 삼아, 상대를 내 고객으로 만들기 위해 내가 알아야 할 내용을 상대방이 털어놓기 쉽게 만들어주는 질문 패턴들을 찾아가라.

1. 상대가 바라는 것은 무엇인가? 직접적으로 '뭘 원하세요?'라고 묻지는 마라. 이 질문의 답은 상대의 마음속에 있고, 우리는 그걸 알아내야 한다. 상대가 원하는 것 혹은 상대에게 필요한 게 뭔지를 알아야 상대에게 무엇을 팔지 알 수 있다.

2. 그 문제를 해결하기 위해 상대는 현재 어떻게 하고 있는가? 효과가 있는가? 상대가 이미 시도해본 것 혹은 현재 진행중인 것을 제안했다가 머쓱해지고 싶지는 않을 것이다. 전후사정을 다 듣고 해결책을 제안하는 편이 낫다.

3. 그걸 문제로 느끼는 사람이 누구인가? 이게 해결이 필요

한 문제라고 인식하는 사람이 누구인지 알아야 한다. 그 사람이 지금 대화중인 상대방이 아니라면, 대화 상대가 느끼는 고통은 그 문제를 직접 경험하는 사람보다는 훨씬 약할 것이다. 즉 상대는 이 문제를 어느 정도로 정말 문제라고 느끼고 있는가?

4. 그 문제가 금전적으로 혹은 기회라는 측면에서 또는 개인적으로 어떤 손해를 끼치고 있는가? 이 질문을 하는 이유는 두 가지다. 첫째는 상대가 얼마나 큰 고통 속에 있는지 우리가 알아야 하기 때문이다. 둘째는 문제가 얼마나 큰지 상대도 볼 수 있어야 하기 때문이다(상대가 깨닫고 있는 것 이상으로 문제가 큰 경우도 자주 있다).

그런데 문제가 무엇인지 상대가 털어놓고 싶어하지 않는다면 어떻게 해야 할까? 설상가상으로 상대가 그걸 문제로 인식조차 하고 싶어하지 않는다면?

처음 보는 사람의 마음까지도 열 수 있어야 한다

폴러드 인스티튜트가 특별히 초점을 맞추었던 고객 유형이 있다. 바로 전기기술자, 배관공 기타 전문적인 일을 맡아서 처리

해주는 '서비스업체들'이다. 그들에게 "지금 겪고 있는 문제가 무엇인가요?"라고 물으면 그냥 어깨를 으쓱해버리고 마는 경우가 있었다. 그들을 탓할 수는 없다. 자신에게 무언가를 팔고 싶어하는, 완전히 처음 보는 사람에게 내가 가진 문제를 마구 쏟아내고 싶은 사람이 과연 누가 있을까?

전에 내가 만난 어느 배관공은 문제가 있다는 사실 자체를 인정하지 않으려 했다. 다 괜찮다는 것이다. 그래서 그에게 내가 이번달에 배관공을 30명 만났는데 다들 세 가지 문제를 공통으로 갖고 있더라고 했더니 그는 이렇게 말했다. "음, 다들 그렇게 말했다면…… 네, 저도 그 문제들이 있죠." 그러고 나더니 마치 봇물 터지듯이 자신이 직면한 다른 문제들까지 죄다 털어놓기 시작했다.

예를 하나 들면 많은 서비스업체가 가진 문제 중에 하나는 직원들이 고객의 집을 방문해서 일을 끝낸 다음에 뒷정리를 깨끗이 하고 오지 않는다는 점이다. 언짢은 일이지만 그렇다고 뭔가 대책을 강구할 정도는 아니다. 나는 이 배관공에게 직원 훈련이 제대로 되지 않았을 때 손실이 얼마나 큰지를 깨닫게 만들어야 했다. 즉 그가 고통을 느낄 수 있게 해줘야 했다.

나는 이렇게 말했다. "뒷정리를 깨끗이 안 한 결과가 어떤지 한번 보시죠. 늘 직원들을 다시 보내시나요, 아니면 직접 가서 청소를 해주고 오시나요?"

그가 말했다. "경우에 따라서 다른데, 결국 제가 하는 경우가 많죠."

내가 말했다. "사장님이 청소를 해야 했던 경우와 직원들이 애초에 뒷정리를 제대로 하고 왔던 경우 중에서 다른 손님을 소개받는 건 어느 쪽이 더 많은가요?"

답이야 뻔했다.

"네, 그러면 배관 수리를 사장님이 직접 하시는 건수는 얼마나 되나요? 한 달에 10건 정도요? 그러면 그 10건 중에 다른 손님을 소개받는 경우는 몇 건이나 되나요? 3건에서 5건 정도? 좋습니다. 그러면 직원들은 보통 한 명당 몇 건 정도의 수리를 하나요? 일주일에 10건. 사장님이 한 달 동안 하시는 거랑 비슷하네요. 그러면 직원들이 10건 작업을 했을 때 다른 손님을 소개받는 경우는 얼마나 되나요?"

그가 말했다. "보통…… 음…… 1건?"

나는 잠시 이 사장님에게 생각할 시간을 주었다.

"그러면 계산을 한번 해보자고요. 사장님은 10건 중에 최소 3건은 소개를 받으시고, 직원들은 1건을 소개받으면, 최소 2건은 놓친다는 얘기네요. 그러면, 소개를 받은 게 실제로 주문으로 이어지는 경우는 얼마나 되나요? 건당 받으시는 가격은요?"

종이에 적어가며 직접 계산해보던 사장님은 매년 소개를 받지 못해서 놓치는 금액이 수십만 달러에 이른다는 사실을 깨달았다. 갑자기 문제가 '직원 교육 비용이 얼마인가?'에서 '직원을 교육하지 않았을 때 입는 손해가 얼마인가?'로 바뀌었다!

이 사장님의 문제를 우리가 앞서 이야기했던 세 가지 비용으로 한번 나눠보자.

1. 실제 비용: 직원이 작업했던 곳으로 다시 가서 청소를 할 때 드는 인건비.

2. 기회비용: 직원들이 소개받을 수 있는 다른 손님을 소개받지 못함으로써 놓친 매출(다른 손님을 소개받도록 직원들을 교육하지 않은 영향과 처음부터 일을 제대로 처리하지 않은 영향이 합해진 비용).

3. 개인적, 정서적 비용: 한번은 격분한 고객 때문에 사장님이 직접 다시 가서 청소하느라 예정되어 있던 딸의 댄스 공연을 보지 못했음.

이런 비용을 모두 알고 나자 사장님은 이게 예사 문제가 아니며 결코 무시할 수 없는 일이라는 사실을 깨달았다. 그걸 깨달을 수 있게 누군가 올바른 질문을 해준 것이 천만다행이었다.

4장

누구에게
영업할 것인가

3단계 자격 검증

이것들은 네가 찾는
드로이드가 아니야.

- 영화 〈스타워즈〉에서 오비완 케노비

The Introvert's Edge

나는 어느 뉴스 에이전시에서 한 시간이 넘도록 통신비 절감에 관한 이야기를 나누고 있었다. 상대는 절약되는 금액을 보며 신이 나 있었고, 계약할 마음의 준비가 된 것이 분명했다. 내가 계약서를 꺼내려는 순간 그녀가 말했다. "네, 정말 좋은 얘기 같아요. 뒤에 저희 사장님이 계세요. 제가 가서 모셔올게요."

그녀는 복도를 걸어가더니 어느 사무실에 빼꼼 얼굴을 내밀었다. "사장님, 통신 비용이 절약된다는데 관심 있으세요?"

퉁명스러운 목소리가 말했다. "아니."

"알겠습니다." 그녀는 다시 자리로 돌아와 어깨를 으쓱해 보였다. "관심이 없으시다네요. 미안해요."

나는 분명 누군가한테 뭔가를 팔았는데, 그는 그걸 살 수 있는 사람이 아니었다.

지금 되돌아보면 너무나 뻔한 상황인데 그때는 알지 못했다. 나는 그저 누군가 내 말에 귀를 기울여준다는 사실이 너무 기쁜 나머지 제대로 된 담당자와 이야기를 나누고 있는지조차 생각해 볼 겨를이 없었던 것 같다.

10여 년이 지난 뒤 나는 똑같은 실수를 저질렀다.

전화가 울려서 받아보니 어느 업계의 협회라면서 강연 예약 상담을 하고 싶다고 했다. 당시 나는 이제 막 미국에서 강연과 코칭 사업을 시작하던 참이었다. 여러 번 문의를 받고 몇 번의 시행착오 (이번에도 역시나 '실험') 끝에 나는 코칭 사업에 대해서는 영업 상황에서 해야 할 말들이 정리되어 있었다. 하지만 강연 요청이 들어오는 경우에 대해서는 아직 영업 프로세스를 제대로 개발하지 못했고, 그래서 하는 수 없이 기본 프로세스를 사용했다. 즉흥적이었지만 설명을 충분히 잘했고 그의 관심을 확 끌어올 수 있었다. 그는 나를 원했다. 영업을 성공했다 싶었다. 이제 그에게 이메일로 계약서만 보내면 될 것 같았다. 그러나 흥분했던 나는, 아니 더 중요하게는 종교처럼 따르던 나의 프로세스를 따르지 않은 결과로 나는 세번째 단계를 잊고 말았다. 상대가 최종 의사결정권자인지를 확인하지 않은 것이다.

여기서 잠깐 지적할 것이 있다. 나는 사람들에게 늘, '늘' 우리의 7단계 프로세스를 종이에 적어서 전화기나 컴퓨터 옆에 놓아두라고 한다. 만약 내가 스스로도 이 조언을 따라서 그 전화를 받을 당시 프로세스의 기본틀이 눈앞에 적혀 있었다면 그런 실수는 결코 저지르지 않았을 것이다.

그가 뼛속까지 오싹해지는 그 말을 했을 때에야 나는 내 실수를 깨달았다. "알겠습니다. 완벽한 후보이신 것 같아요. 저희 이사님께 보고하고 다시 알려드려도 되겠죠?"

물론 나는 그 강연 기회를 따내지 못했다. 만약에 내가 '자격 검증' 절차를 진행해서 상대가 핵심 의사결정권자가 아니라는 사실을 알았더라면, 대화는 완전히 달라졌을 것이다. 나는 계약을 성사시키려고 노력하는 대신, 그의 상사와 미팅을 잡는 것을 목표로 삼았을 것이다. 여전히 나는 전화기 너머의 상대를 기분좋게 만들고 내가 '완벽한 후보'로 보이길 바랐겠지만, 통화하는 내내 그 이사님과 직접 대화하는 게 아주 중요하다고 강조했을 것이다.

미리 알았더라면 나는 아마 이런 식으로 말했을 것이다. "많은 강연가들이 이미 다 짜놓은 내용을 가지고 프레젠테이션을 하지만, 저는 워낙 다양한 업종을 경험하다보니, 늘 관객에 맞춰서 프레젠테이션을 수정합니다. 참석자들이 최적의 경험을 가질 수 있게 내용을 수정하고, 또 귀사의 예산 내에서 제가 진행할 수 있어야 하니, 구체적인 가격이나 내용을 정하기 전에 이사님과 직접 이야기를 나눌 수 있으면 정말 좋을 것 같습니다. 보통은 어떤 예산이든 그에 맞춰서 진행할 수가 있지만, 참석자들 사이에 두고두고 회자될 수 있는 경험을 선사하는 게 저의 목표이고, 또 그래야 실질적이고 구체적인 결과가 도출되더라고요."

그는 그저 사전 조사를 하는 사람에 불과했고 방아쇠를 당기는 사람은 아니었다. 내가 이 모든 것을 의사소통할 수 없게 되었으니, 이제 그가 나 대신 내 사업을 훌륭하게 소개해주기를 믿고 기다리는 수밖에 없었다. 그의 상사가 강연 후보자 명단을 훑어볼 때 나는 그냥 목록에 적힌 이름 하나에 불과했다. 그 협회는 다른 사람을 골랐고, 장담컨대 그들이 선택한 그 강연자는 아마 '문지기'를 통해 책임자를 직접 소개받은 사람일 것이다.

앞서 말한 뉴스 에이전시의 경우 나는 가게 입구에서 최저 임금을 받으며 신문을 파는 사람에게 내 영업 프로세스를 통째로 맡긴 셈이었다. 나의 전문 지식을 나보다 더 잘 영업할 수 있는 사람은 세상에 아무도 없다. 특히나 정보를 취합, 요약해서 상사에게 전달해줄 뿐인 중간 매개인은 거기에 해당하는 사람이 아니다. 두 경우 모두 문제는 내가 대화를 나누고 있는 사람이 의사결정을 내릴 권한을 가진 사람이 아니었다는 점이었다.

나는 그냥 문지기와 대화하고 있었다.

고객과 문지기를 구분하라

안내원, 비서, 보좌관과 같은 문지기를 정해두는 사람들이 있다. 심지어 이메일 필터나 음성 사서함처럼 디지털 형태로 된 문지기도 있다.

그러나 다시 말하지만, 자기도 모르게 문지기 역할을 수행하는 사람들도 있다. 내가 가가호호 방문판매를 하던 시절, 상점에 들어가서 직원에게 "오즈컴에서 나왔는데요. 통신 상품을 바꾸지 않으시겠어요?"라고 하면 직원은 당연히 됐다고 했다. 아무리 계급의 최말단에 있는 사람이라고 해도 방문판매원이 사장에게 가는 길을 막을 권한 정도는 갖고 있게 마련이다.

더 나쁜 경우는, 무례하려는 의도는 아니겠지만, 앉으라고 해서 이야기를 처음부터 끝까지 다 들은 다음에 제안서를 보내달라고 하는 경우다. 알렉스 머피의 30페이지짜리 제안서 중에서 그가 제안서를 작성하려고 책상에 앉기도 전에 이미 쓰레기통에 들어갈 운명이었던 제안서가 얼마나 많았을지 상상만 해도 끔찍하다.

그 뉴스 에이전시의 비서에게 한 시간 동안 성공적으로 상품을 팔아놓고 매출은 올리지 못했던 날 이후 나는 간단히 다음과 같이 질문하는 법을 배웠다. "안녕하세요? 저는 매슈라고 합니다. 오즈컴을 대표해서 나왔고요. 저희가 이 지역에서 새로운 알뜰 상품 패키지를 시범 운영하고 있는데요. 혹시 담당자 되실까요?"

이렇게 하면 질문은 "내가 당신한테 뭘 좀 팔아도 될까요?"에서 "당신이 책임자인가요?"로 순식간에 바뀌었다. 방문판매원만 들어오면 거의 자동적으로 거절했을 사람이 이번에는 전혀 다른 또하나의 자동적인 반응을 내놓았다. '무슨 일인지 알 수 없으니 상사에게 보내자.' 앞에서 빵 굽는 사람과 이야기를 하느라 시간을 낭비하는 대신 나는 즉각 뒤에서 반죽 만드는 사람에게 안내되었다.

폴러드 인스티튜트를 설립하고 몇 년 후 나는 우리 텔레마케터들이 사용할 대본을 써주었는데 첫 문장은 다음과 같았다. "안녕하세요? 사업 생산성을 높일 수 있는 새로운 교육 프로그램을 안내드리려고 전화드렸는데요. 혹시 담당자 되실까요?"

유형이 뭐가 되었든 전화를 받은 사람이 문지기라면 열에 아홉은 다음과 같이 대답했다. "어, 아니요. ○○님과 얘기를 해보셔야 될 것 같아요. 지금 계신지 한번 볼게요." 혹시 의사결정권자와 바로 연결이 되지 않더라도 우리는 다음에 전화했을 때 바꿔달라고 할 수 있는 사람의 이름을 얻을 수 있었다.

우리의 성공률(이 경우 약속을 잡은 숫자로 측정)은 산업 평균을 넘어 천정부지로 치솟았는데, 더 적은 수의 사람과 대화하고도 더 많은 예약을 잡았기 때문이다. 그리고 이와 관련해서 내향적인 사람이 영업할 때 강점을 살릴 수 있는 또하나의 기본적인 원칙이 있다.

최소한의 고객에게 최대한으로 영업하기

우리가 원하는 것은 더 많은 고객이다. 또한 이는 모든 사람이 바라는 것이기도 하다. 만약 여러분의 문으로(실제 문이든, 디지털로 된 문이든) 입장하는 사람이 더 많아진다면 매출도 늘어날 것이다. 영업을 전문적으로 하는 사람이라면 누구나 아는 사실이지만 계속해서 문을 두드리면, 혹은 계속해서 전화를 돌리면, 계속해서 홍보를 할 수만 있으면, 언젠가는 판매에 성공한다.

나만 봐도 그렇지 않은가. 싸구려 양복을 입고 가가호호 문을 두드리던 어리숙한 젊은이도 결국에는 판매를 성공시켰다. 지그 지글러가 그랬던가. 개한테 명함을 묶어서 도심에 풀어놓더라도 언젠가 누군가는 당신에게 전화를 걸어와 판매에 성공할 거라고. 결국에는 성공할 것이다. 내가 아는 모든 영업 매니저는 마치 세뇌당한 드론이라도 되는 것처럼 업계의 주문이 되어버린 그 말을 되뇐다. "어차피 숫자놀음이에요. 숫자놀음."

그러나…… 이는 사실이 아니다.

앞서 폴러드 인스티튜트의 텔레마케터 사례에서 보았듯이, 우리의 목표는 단순히 최대한 많은 사람과 대화를 하는 게 아니었다. 우리는 '제대로 된' 상대와 대화하기를 원했다. 우리는 더 적은 사람과 더 많은 시간을 사용하고 싶었다.

예를 들어 만약에 내가 축구 경기장에 가서 그곳에 있는 관중 1000명과 모두 얘기를 나누었다면, 그중에 적어도 한 명은 분명히 비즈니스와 관련된 교육을 받고 싶은 사업가가 있었을 것이다. 그렇다면 나의 계약 성사율은 1000분의 1이 된다. 그런데 내가 만약 93곳의 가게를 방문해 그중 한 곳에서 판매에 성공했다면 나의 계약 성사율은 93분의 1이 된다. 여러분이라면 어느 쪽을 원하는가? 한 건의 판매를 더 성공시키기 위해 또 1000명과 얘기를 나누는 쪽인가, 아니면 93명과 이야기를 하는 쪽인가?

그런데도 사람들은 여전히 더 열심히 하는 쪽에 계속 집착한다. 돈을 주고 페이스북 후원 게시물을 늘리고, 전화를 더 돌리고, 광고비를 늘리고, 브로슈어를 더 발송하고, 더 많은 이메일 목록을 확보하고, 더 많은 사업체를 방문하고, 웹 페이지를 단장하고, 더 많은 행사나 모임에 참석하고, 더 많은 지역을 상대하려고 한다. 뭐든지 더 많이만 하려고 한다.

그런데 다른 한편에서는 이런 것들이 모두 너무 버거워서 그냥 마음의 문을 닫아버리고 아무것도 안 하는 사람들이 있다(『선택의 심리학』으로 되돌아가보자).

우리가 생산라인을 최적화할 때는 더 적은 것으로 더 많은 성과를 내려고 한다. 더 적은 노력, 더 적은 원자재, 더 적은 전기, 더 적은 낭비, 더 적은 노동시간으로 더 큰 성과를 내고 싶어한다. 내향적인 사람들에게 끝도 없이 많은 사람들, 그것도 대부분 두번째 문장을 꺼내기도 전에 나를 거절할 사람들과 이야기를 나누라고 하면 차라리 한 대 맞는 쪽을 택할 것이다. 우리는 이야기를 나눠야 할 낯선 사람, 물건을 팔아야 할 낯선 사람의 수를 최대한 줄이고 싶다.

영업에서 내향적인 우리가 바라는 것은 뭔가를 더 많이 하는 게 아니다. 우리는 '더 적게' 해야 한다.

문지기에게도 영업하라

───

내가 만든 영업 시스템의 세번째 단계(자격 검증)는 그래서 존재한다. 즉 최대한 적은 수의 사람과 얘기를 나눠서 최대한 많은 수의 계약을 성사시키기 위한 장치다.

그런데 그렇다 해도 여전히 문지기는 상대해야 한다.

여러분이 의사결정권자에게 접근하는 데는 문지기가 어마어마한 영향력을 행사한다는 사실을 잊지 마라. 최종적으로 이야기를 나누게 될 사람 못지않게 문지기들과도 라포르를 형성해야 한다. 의사결정권자나 지금의 상황에 관해 최대한 많은 정보를 얻을 수 있으면 좋고 더불어 문지기가 감동하여 우리 정보까지 전달해준다면 더욱 좋을 것이다. 그게 비서이든 아니면 최고운영책임자에게 보고할 영업 매니저이든, 문지기는 여러분의 이메일이나 전화 메시지를 전달할 수도 있고 그대로 걸러버릴 수도 있다. 문지기를 여러분의 편으로 만든다면 무려 우리의 대변자가 되어줄지도 모른다.

따라서 우리는 궁극적으로는 늘 의사결정권자와 대화를 해야하지만 가끔은 문지기에게 먼저 영업을 성공시켜야 할 때도 있다. 특히나 저쪽에서 먼저 연락을 해왔다면 말이다. 예를 들어 앞서 말한 어느 업계의 협회에서 연락을 해왔던 사람에게 내가 "저기요, 보아하니 결정권자는 아니신 듯한데, 더 높은 분이 저한테 직접 전화하라고 해주세요"라고 말할 수는 없는 노릇이다. 그랬다면 그 협회와 일할 기회가 완전히 사라졌을 것이다.

간단히 말해서 문지기에게는 여러분과 상사의 미팅을 주선해야겠다는 '생각'을 영업하라. 정보를 얻는 게 상대의 과제였다고해도, 그들이 답할 수 없는 부분들이 있다. 여러분이 팔아야 하는바로 그것을 상대의 필요에 따라 '맞춤식'으로 수정하고 싶다고설명하라.

절대로 계약을 마무리하려고 시도하지 마라(어차피 상대가 결정할 수 있는 사항이 아니다). 무엇보다 문지기는 의사결정권자의 의도와는 다른, 자기 나름의 어젠다가 있을 수도 있다. 예컨대 상사가 원하는 사항이 문지기 자신의 일자리를 위협하거나 문지기의 가치를 떨어뜨리는 일인 경우도 있다.

상대가 문지기에 불과하다는 사실을 잘 알아챈다면 진짜 목표, 즉 '의사결정권자에게 도달하는 것'에 초점을 맞출 수 있다. 문지기가 이를 결정하게 하지 마라.

이게 왜 3단계인가?

그동안 이 책을 유심히 읽었다면 내가 들려준 여러 일화에서 자격 검증이 1단계였던 때가 많다는 걸 알아차렸을 것이다. 내가 지금 제대로 된 담당자와 얘기를 나누고 있는지 알아내는 것 말이다.

그런데 왜 내가 만든 영업 프로세스에서는 자격 검증이 3단계인가?

첫째 문지기를 재빠르게 우회할 수 있는 경우는 가장 노골적인 형태의 영업 미팅(텔레마케팅이나 방문판매처럼 예약 없이 진행되는 미팅)밖에 없기 때문이다. 대부분의 영업 상황에서는 기초 작업 없이 다짜고짜 "이걸 결정할 권한이 있으십니까?"라고 물을 수는 없다. 예컨대 영업 매니저에게 다짜고짜 저렇게 물었다가는 상대가 발끈할지도 모른다. 아무리 최종 결정은 상사가 내린다고 해도 말이다. 자동차 대리점을 방문한 남편에게도 마찬가지다. 아무리 집안의 경제권을 아내가 쥐고 있다고 해도 말이다. 기업용 소프트웨어처럼 복잡한 상품의 영업이라면, 여러 단계의 경영층을 거쳐야만 겨우 최고 의사결정권자와 대면할 수 있을지도 모른다.

이런 경우에는 라포르를 형성하고 여러 질문을 한 후에야 자격 검증 순서가 온다. 그렇지 않았다가는 시작도 하기 전에 영업이 끝나버릴 수 있다. 이때의 자격 검증은 계속해서 절차를 진행해 계약까지 마무리될 것인지 아니면 의사결정권자가 따로 있는 것인지 판단하는 과정이다.

내가 이 원고를 쓰고 있을 때 디톡스 차 회사를 크게 운영하는 어느 신사분으로부터 연락이 왔다. 그분은 본인 회사의 온라인 영업을 활성화시키고 싶다고 했다. 우리는 수많은 온라인 기업이 특정 인물을 중심으로 브랜드 이미지를 구축한다는 이야기를 나눴다. 일반인들은 얼굴 없는 기업이 아니라 '사람'으로부터 물건을 구입하고 싶어한다. 페이스북에는 저커버그가 있고, 애플에는 잡스, 프로그레시브에는 플로(보험 회사 프로그레시브의 광고 시리즈에 등장하는 캐릭터 이름—옮긴이)라는 캐릭터, 버진그룹에는 리처드 브랜슨 회장이 있다.

나는 이렇게 말했다. "저희가 만약 인물을 중심으로 귀사의 브랜드를 만든다면, 그 인물은 사장님이 되실까요? 아니면 다른 어떤 분이 되실까요?"

그가 말했다. "아, 아뇨. 그건 제 아내가 되어야죠. 저보다는 아내가 인물도 훨씬 좋고요, 영양 보조 식품에 대한 관심도 아주 많을뿐더러 늘 자신의 경험을 세상과 나누고 싶어하거든요."

이 사장님이 아내가 이상적인 대변인이라고 밝힌 만큼, 이제는 그 아내분이 우리의 아이디어에 반드시 동의해줘야 했다. 다시 말해 이 계약의 성사 여부를 가름할 핵심적인 의사결정권자가 한 명 더 확인된 것이다. 그래서 나는 이 사장님을 상대로 영업에 성공하는 것에서 방향을 틀어, 두 사람 모두를 상대로 영업이 성공할 수 있게 그가 전화로 아내를 바꿔주게 만드는 데 초점을 맞췄다.

나는 농담을 하면서 이렇게 말했다. "사모님이 완벽한 후보 같네요. 그래도 다들 같은 생각인지 확인은 해야 하니까 다 함께 앞일을 논의할 수 있게 다시 한번 전화 미팅을 잡으면 어떨까요? 만약에 저라면, 이렇게 아내의 협조가 필요한 의사결정을 할 때는 무조건 아내한테 먼저 허락을 받을 것 같아요!"

현명한 남편답게, 사장님은 그러겠다고 했다.

고객을 특별한 존재로 만들어라

━━━━

한편 '자격 검증'에는 좋은 면도 하나 있다.

제대로 된 담당자와 얘기를 나눠야 한다는 사실을 배운 지 얼마 지나지 않아 나는 한 번에 두 마리 토끼를 잡을 수 있는 방법을 터득했다. 다음과 같이 이야기하면 나는 상대에게 컨설턴트로 비치는 동시에 의사결정권자를 만나볼 수 있었다. "안녕하세요? 저는 매슈라고 합니다. 오즈컴에서 나왔는데요. 저희가 이지역에서 얼마 전에 알뜰 상품 패키지를 출시했는데, 이 매장이 그 가입 요건에 해당되는지 확인을 좀 하려고요. 혹시 담당자 되실까요?"

사람들은 자격에 해당하는 것을 무척 좋아한다. 누구나 본인이 어딘가에 속하기에 충분하다고 느끼고 싶어한다. 동호회가되었건, 대기 후보군이 되었건, 내부 모임이 되었건, 그 무엇이건 간에 말이다. '자격'이라는 말은 뭐가 되었든 제안하고 있는 내용과 관련해 배제되는 사람이 있다는 뉘앙스를 풍긴다. 심지어 나는 잠재고객이 이렇게 말하는 것도 여러 번 들었다. "교육(통신업체 변경, 비즈니스 코칭 기타 뭐가 되었든 내가 판매하고 있던 것)에 관심은 없는데, 그래도 제가 요건에 해당되는지는 한번 볼게요." 그러다가 결국에는 계약서에 서명하곤 했다.

모든 사람이 요건에 해당하는지(내가 팔고 있던 통신 상품처럼),

아니면 소수의 사람만 만족되는 일정한 기준이 있는지(마스터카드의 블랙 카드처럼)는 중요하지 않다. 누구나 자신이 소수 핵심층에 속한다고 느끼고 싶어한다.

잠재고객을 만날 때마다 당신은 나와 함께 일할 자격이 없을 수도 있다고 말하라는 뜻이 아니다. 여기서 대원칙은, 상황에 맞다면, 나와 함께하기에 '충분하지 않을 수도' 있다는 개념을 소개하라는 얘기다.

여기서 우리가 정말로 주입하고 싶은 것은 '남들에게 뒤처지면 안 된다'는 심리, 그리고 '무언가를 잃을까' 하는 근원적 두려움이다. 여러 연구가 계속해서 보여주듯이, 두 가지 선택지가 주어졌을 때 사람들은 훨씬 더 큰 보상을 위해 작은 위험을 감수하느니 그냥 지금 가진 것을 그대로 유지하는 쪽을 압도적으로(때로는 비이성적으로) 많이 선택한다. 이 말은 곧, 확실성에 가까운 확률로 무언가를 얻는 것보다는 무언가를 잃을까 하는 두려움이 우리에게는 더 큰 동기가 된다는 뜻이다. 비록 '논리적으로는 말이 안 된다'고 하더라도 말이다.

기본적으로 여러분은 여러분이 제공하는 제품이나 서비스가 '쉽게 얻을 수 있는 게 아니다'라는 느낌을 주어야 한다. 그것도 아주 프로다운 모습으로 말이다. 절박해 보여서는 안 된다. '함께 일하는 게 가능하기는 한가'라는 의문을 제기해야 한다. '누구나 자격이 되는 것은 아니다.' 여러분이 영업에 능숙해질수록, 사업

전반을 잘하게 될수록 이 말은 진실이 된다.

내가 이런 식으로 나를 소개하기 시작했더니 상점 주인들은 즉각 나를 단순한 방문판매원 이상으로 여겼다. 나는 그들에게 뭔가를 팔려는 사람이 아니었다. 나는 그들이 무언가를 구매할 자격이 되는지 확인하러 간 사람이었다. 단어 선택에서의 이 작은 변화가 상대의 인식에 커다란 변화를 만들었다.

내가 처음 말을 거는 상대가 문지기라면 결과는 앞서와 같았다. 문지기는 자신이 담당자가 아니라며 사장님을 데려왔다. 무슨 일인지는 몰라도, 자신이 결정할 수 있는 일은 아니라는 것을 알기 때문이었다.

그들은 가게 뒤편 사무실로 가서 이렇게 말했다. "저기, 사장님이 무언가에 해당하는지 확인하러 누가 왔어요." 그러면 사장님은 즉각 흥미를 느끼고 밖으로 나와 자신이 그 조건에 해당하는지 아닌지 알아보려고 했다. 더 좋았던 것은 상대의 눈에 비친 내 지위가 자동적으로 방문판매원에서 다른 무언가(가장 좋은 것은 '컨설턴트')로 격상되었다는 점이다. 다시 한번 말하지만 정말 간단해도 효과는 아주 큰 방법이다.

상대가 특별한 조건에 해당한다는 느낌을 주면 그냥 밀어붙이기식 판매원이 되는 것보다 훨씬 더 쉽게 고객의 관심을 끌 수 있다.

5장

팔지 말고
스토리텔링하라

4단계 스토리텔링

인간이라는 종은 스토리에 중독되어 있다.
심지어 몸이 잠들었을 때에도
마음은 밤새 깨어 스토리를 들려준다.

- 조너선 갓셜

The Introvert's Edge

리처드 헐리는 자폐 아동에게 피아노를 가르치는 일을 한다.

이 한 문장만으로도 심금이 울리지 않았다면 당신은 나보다 강철 같은 마음을 소유한 사람이다. 어느 행사에서 강연이 끝나고 리처드를 만났을 때 나는 그가 어떤 성인의 반열에 오른 사람이라고 생각했다. 한 사람의 인생을 바치기에 얼마나 대단한 미션인가.

안타깝게도 선행에는 늘 고난이 따르게 마련이다. 리처드는 자신이 하는 일을 좋아했지만, 직업적으로 말하면 결코 쉬운 사업은 아니었다. 사실 리처드는 사업이란 원래 어려운 것이고, 자신이 겪고 있는 고난은 정상적인 과정의 일부라고 스스로를 설득하고 있었다.

믿거나 말거나, 잠재고객이 될 학생을 찾는 일은 그에게 문제가 아니었다. 리처드가 사업을 하는 지역(오스틴 도심)은 타깃 고객의 커뮤니티(자폐 아동이나 그 가족들을 위한 학교, 지원 단체, 활동 모임 등등)가 잘 형성되어 있는 곳이었다.

자폐 학생의 가족들에게 연락하는 것도 문제가 아니었다. 이메일 목록, SNS, 후원 행사 등을 통해 리처드는 거의 모든 자폐 아동의 부모들에게 연락할 수 있었다.

그가 제안하는 내용을 사람들이 잘 이해하지 못하는 것도 아니었다. 피아노가 발명된 이래 아이들은 늘 피아노 레슨을 받아 왔기 때문이다.

직업적 신뢰도 문제가 아니었다. 리처드는 『아기 치타가 피아노를 쳐요』라는 책을 썼고 '크로마 캣'이라는 아이폰 앱까지 개발했다. 리처드는 인맥도 넓고 오스틴 특수교육계에서 존경을 받았다. 가격이 주된 문제도 아니었다. 이들 부모는 아이들의 다른 활동에도 이와 비슷하거나 더 많은 돈을 쓰고 있었기 때문이다.

"네, 리처드. 그렇다면 사람들과 전화통화를 나누거나 연습실에 데려오는 것까지는 아무 문제가 없을 것 같은데요. 거기까지 됐을 때 뭐라고 말씀하시나요?" 내가 물었다.

"그게…… 무슨 말을 해야 할지 모르겠어요. 저는 자폐 아동에게 피아노를 가르칩니다. 그게 제가 하는 일이에요."

다시 한번 말하지만, 스테이크를 팔지 말고 지글거리는 소리를 팔아라. 제품의 사양(이게 어떤 제품인지)을 팔지 말고 제품이 주는 이점(이 제품이 무슨 일을 하는지)을 팔아라. 거슬러올라가보면, 사람들이 사고 싶은 것은 4분의 1인치짜리 드릴 날이 아니라 4분의 1인치짜리 구멍이라는 시어도어 레빗의 말도 있다. 그렇지만 자폐 아동이 피아노를 배워서 좋은 점(아이들이 좋아할 거다, 일상의 탈출구가 될 거다, 보람될 거다)을 나열하는 것은 상상력을 자극하지 못한다. 다 좋은 얘기처럼 들리지만, 자폐 아동의 부모 입장이 되어보면 또 전혀 다르다. 자폐 아동이 겪는 특별한 어려움을 감안할 때 아이의 일상에 무언가 새로운 것, 잠재적으로 스트레스가 될 수도 있는 것을 도입하기란 예삿일이 아닐 수 있다. 단순히 아이를 피아노 수업에 등록하고 말고의 문제가 아니다. 이는 많은 계획과 헌신이 필요한, 가족 전체의 일로서 가족 구성원들의 스케줄 조정이 필요한 문제다. 리처드가 가르칠 학생의 부모가 결코 가볍게 결정할 수 있는 문제가 아니란 뜻이다.

리처드가 제시하는 여러 이점과 피아노 레슨에 소요되는 비용(금전적 비용, 감정적 비용)을 찬찬히 따져본 부모들은 대부분 고난을 자처하느니 아이의 생활을 현재 상태 그대로 유지하는 편을 선택했다.

기꺼이 변화를 줄 마음이 있는 사람들조차 비용을 정당화하기가 쉽지 않았다. 이 선생님이 평균적인 피아노 선생님보다 훨씬 더 비싼 이유가 무엇인가? '그냥' 피아노 아닌가? 부모들은 추천을 받아서 왔지만, 그 추천이라는 게 "이거 한번 해보면 어때?"라든가 "우리 애는 도움을 많이 받았어" 정도에 불과했다. 세일즈를 완성하기에는 충분하지 않았다.

이 이야기를 들은 나는 리처드에게 장기간 수업을 듣는 학생들이 계속 등록을 하는 이유부터 파악하자고 했다. 부모들은 대체 무엇을 보거나 경험하기에 그 정도 비용이 가치가 있다고 느낄까? 하지만 그 이유를 그냥 목록으로 작성할 게 아니라 스토리를 하나 들려달라고 했다.

"음, 부모님들은 다들 자녀가 얼마나 소통이 안 되는지, 자녀를 밖으로 끌어내기가 얼마나 힘든지 늘 이야기하죠. 그런데 한 어머니가 그랬어요. 집에서 아들이 쇼팽의 〈강아지 왈츠〉를 연주하는 것을 보고 나서…… 갑자기 아들 속에 있는 진짜 '사람'을 본 것 같았다고요. 자폐 아동을 둔 부모들 대부분은 고립감을 느끼거든요. 본인들은 자녀에게 훌륭한 삶을 만들어주려고 갖은 노력을 다하는데, 주변의 많은 사람들은 이 부모들이 미쳤다고 생각하죠. 친구도, 친지도, 종종 자폐 아동이 주변 세상을 온전히 인지하지 못한다고 오해를 해요. 하지만 아들이 그 음악을 연주하는 순간 모든 게 인증된 거죠. 앨리스는 아들의 심한 자폐 증세 뒤에 감춰진 인간을 본 거예요. 그녀 인생의 가장 아름다운 순간 중 하나였다고 하더군요."

내가 말했다. "리처드! 바로 그거예요. 부모들에게 이 얘기를 들려주세요! 부모들에게 음악 교육이 보람 있다거나 아이를 밖으로 끌어내준다고 하지 마시고, 바로 그 정서적인 유대감을 부모들이 느낄 수 있게 해주세요. 그게 어떤 느낌인지 경험하게 만들어주세요."

내 말을 이해하기 시작한 리처드는 다른 스토리들도 기억해내기 시작했다. 한번은 학생이 얼마나 협조적이고 발전된 모습을 보였던지 그 학생의 심리 치료사가 경이로워했다고 했다. 또 다른 어머니는 크리스마스 때 가족 모임에서 아들의 음악적 재능을 자랑했다고 했다. 또 어느 아버지는 아들과 피아노를 함께 사용함으로써 아들과 자신의 단절된 관계에 다리를 놓았다고 했다.

내가 말했다. "완벽해요! 이렇게 해보세요. 부모들과 대화를 나누면서 왜 리처드를 찾아왔는지 물어보세요. 부모가 '자폐 아동에게 피아노를 가르쳐주신다고 하더라고요'라고 하면, 이렇게 말씀하세요. '맞아요. 제가 좋아하는 일이에요. 부모님과 아이 모두에게 정말 멋진 경험이죠. 너무나 많은 부모님들이 고립감을 느끼면서도 자녀에게 훌륭한 삶을 만들어주려고 최선의 노력을 다하시죠. 그런데도 주변 사람들은 그걸 이해하지 못하는 경우가 너무 많아요. 그들은 그 많은 시간과 돈을 투자하는 부모들이 미쳤다고 생각하죠. 하지만 아이가 피아노를 통해 자기 자신을 아름답게 표현하는 모습을 보면, 그런 사람들도 아이를 완전히 새로운 시선으로 보게 돼요. 예를 한번 들어볼게요. 최근 저희 부모님들 중에 앨리스라는 분이 있는데……'라고 하면서 방금 제게 해주신 이야기를 그대로 들려주시는 거예요."

이 정서적 교감이 느껴지는가? 아주 잠깐이라고 해도, 여러분의 마음도 조금 열리지 않았는가? 이 스토리를 듣는 부모는 본인의 자녀에게도 그 같은 경험을 원하지 않을까? 만약 여러분의 자녀가 자폐 아동이라면 앨리스와 같은 경험을 원하지 않을까? 만약 여러분에게 특수교육이 필요한 자녀가 있는데 이렇게 피아노를 배우는 게 자녀와 부모의 삶을 바꿔주었다는 희망적인 스토리를 듣는다면 어떻게 그걸 마다할까?

비용 대 혜택이라는 논리적 반응을 차단해버리고 그걸 의사결정의 정서적 동기로 바꿔놓는 방법을 이제 좀 알겠는가? 여러분도 바로 이렇게 해야 한다. 제품의 사양이나 이점을 이야기하지 마라. 스토리를 들려줘라.

영업의 엔진

이제 우리는 영업의 핵심에 도달했다.

영업 시스템 내의 모든 요소가 전체적으로 판매에 기여하지만, 주된 동력은 스토리다. 라포르와 직업적 신뢰를 쌓고, 어젠다를 세우고, 의사결정권자 앞에 서서, 통찰력 있는 질문들을 했다면 모두 좋은 일이지만 아직까지 여러분은 아무것도 제안한 것이 없다. 여러분이 가진 게 무엇인지 테이블 위에 올려놓지 못한 것이다. 여러분이 어떻게 잠재고객의 삶을 더 좋게 만들 수 있는지, 어떻게 그의 은행 계좌에 돈이 들어오게 할 수 있는지, 어떻게 그의 장모나 시어머니가 그를 더 좋아하게 만들 수 있는지, 아직 들려주지 못한 것이다. 지금까지 여러분이 한 것이라고는 상대가 여러분이 해결할 수 있는 문제를 갖고 있다는 사실을 보여준 것에 불과하다.

- ✦ 문제: 부모는 자녀를 위해 더 많은 것을 해주고 싶다.
- ✦ 해결책의 성격: "저는 자폐 아동에게 피아노를 가르칩니다."
- ✦ 해결책의 이점: "아이들이 좋아하죠. 아이들에게는 탈출구가 됩니다. 부모와 자녀 모두에게 성취감을 줍니다."

보다시피 위 내용 중 그 어느 것도 리처드 헐리가 제시하는 경험의 아름다움을 제대로 포착하지 못한다. 그 정서적 혜택을 포착하기 위해서는 스토리를 들려줄 공간이 필요했다. 피아노 수업 이전과 이후의 모습을 포함하면서 해피엔드로 끝나는 스토리 말이다.

이번에는 여러분이 내 고객 트레이처럼 창문이나 문에 설치

하는 비 막이 장치를 판매한다고 생각해보자. 창틀 아래에 거의 눈에 띄지도 않는 무언가를 구매하면서 정서적 영향을 받기란 쉽지 않다.

그러나 트레이의 어느 고객 스토리를 듣는다면 여러분도 분명 감동을 받을 것이다. 이 고객은 아끼고 아껴 꿈에 그리던 자신의 집을 지었다. 하지만 그는 창문이나 문 주위에 적절한 금속 비 막이 장치가 설치되어 있지 않다는 사실은 미처 몰랐다.

대략 삼 년 후 이 고객은 집의 테두리에 거품이 이는 것을 발견했다. 아무 생각이 없었던 그는 '날씨 탓이겠지'라고 생각하며 그 위에 페인트칠만 다시 했다. 다시 이 년이 흐르고 고객은 창과 창문에서 거품이 나는 것을 발견했고 그 틈으로 비가 지속적으로 스며들어 벽 안쪽을 타고 내려와 토대까지 스민다는 사실을 알게 됐다.

알고 보니 그의 집, 그의 성城은 곰팡이로 가득했다.

그는 가족들을 내보내고 독극물 처리반 같은 복장을 한 사람들을 고용해서 그 곰팡이를 청소해야 했고, 손상된 부분은 수리하거나 교체해야 했다. 그렇게 피해를 복구하는 데 들어간 비용은 그가 처음에 집을 짓는 데 사용한 전체 비용보다 더 많았다!

수백만 명의 미국인이 비슷한 불운의 피해를 보았다. 대부분 전문 건축업체에서 시공한 집이었다. 트레이 역시 과거에 본인이 꿈꾸던 집에 비슷한 일을 당했다. 처음으로 비가 크게 온 날

사방이 물바다가 되었다. 알고 보니 시공업체에서 트레이의 창과 문에도 적절한 비 막이 장치를 설치하지 않은 거였다. 트레이는 그 누구도 자신과 같은 일을 겪지 않기를 바랐다.

트레이는 자신을 비롯해 수많은 사람이 겪은 악몽이 다른 집주인들에게는 일어나지 않도록 창틀과 문틀에 손쉽게 설치할 수 있는 비 막이 장치를 발명했다.

보다시피, 여러분의 인생 전체를 이야기해야 하는 게 아니다. 스토리는 상당히 짧을 수도 있다. 피아노 스토리는 영어 단어 칠십칠 개로 되어 있고, 트레이의 스토리는 백삼십 개 단어로 되어 있다. 이들 스토리를 큰 목소리로 이야기하는 데는 3분이면 족하지만, 제품 사양과 이점을 한 시간 동안 늘어놓는 것보다 훨씬 큰 전달력을 가진다.

스토리텔링의 과학

처음으로 영업에서 스토리를 활용하기 시작했을 때 나는 그게 효과가 있다는 것은 분명히 알았지만 이유는 몰랐다. 나중에 나는 순수한 형태의 정보를 받아들이는 것과 스토리를 듣는 것의 차이에 관한 (신경과학을 비롯한) 여러 학문 분야의 연구 결과를 알게 됐다.

그 생리학적인 차이는 탄성이 절로 나올 정도였다. 예를 들어 스페인 연구팀이 발견한 바에 따르면 실험 참가자들이 후각을 깨울 만한 단어('향수' '커피' 등)를 글로 읽으면 동일인이 오감과 무관한 단어('의자' '열쇠' 등)를 읽을 때와는 다른 뇌 부위에 불이 켜졌다. 다시 말해 어느 단어가 감각과 관계될 경우 뇌가 더 많이 활동했다.

심리학자 레이먼드 마가 2011년에 발표한 신경과학 논문은 우리가 스토리를 이해하려고 할 때 사용하는 뇌의 부위가 다른 사람을 이해하려고 할 때 사용하는 뇌의 부위와 같다는 증거를 내놓았다. 그의 연구를 영업의 언어로 바꾸면, 스토리는 듣는 사람이 화자에게 공감하는 것을 도와주고 화자가 말하는 '사람' '물건' '이유'를 더 잘 이해하게 해준다.

고인이 된 경영학계의 대부 피터 드러커의 동료이자, 다르파 DARPA(미국 국방고등연구계획국)에서 연구 지원을 받기도 했던 폴 잭 박사의 연구는 사람의 마음을 움직이는 스토리의 힘을 아마도 가장 광범위하게 조사했을 것이다. 옥시토신(여러 기능이 있으나 특히 우리가 타인에게 공감하게 해주는 천연 화학물질)과 스토리텔링의 효과에 관한 그의 연구는 스토리와 신뢰 사이에 직접적인 상관성을 보여준다. 심지어 그는 매니저들이 스토리를 이용해 직장 내 신뢰의 문화를 창조하는 모습을 설명하기 위해 신경 경영neuromanagement이라는 신조어까지 만들어냈다.

그리고 '의미 있는 물건' 실험이 있다.

2009년 조시 글렌과 롭 워커는 실험 하나를 고안했다. 두 사람은 200개의 물건을 모으거나 구매했는데, 소품, 장신구, 장난감, 노리개, 모조품, 기념품 같은 것들이었다. 두 사람은 한 아이템당 1.5달러 이상을 쓰지 않았다. 그런 다음 100명에 가까운 작가에게 이 각각의 물건과 어떻게든 관련이 있는 짧은 스토리를 쓰게 했다. 스토리를 손에 넣은 두 연구자는 각 물건을 이베이에 내놓으면서 물건 설명란에 해당 스토리를 기재했다. 연구자들은 스토리가 물건을 설명하는 것처럼 보이지 않도록 유의했다. 연구진은 거짓말을 하거나 기만하거나 잠재적 구매자들을 호도하지 않았다. 종종 이 스토리들은 어린아이가 작은 스노우볼 안에 갇힌다는 이야기처럼 순전한 판타지이거나 비현실임이 분명할 때도 있었다.

플라스틱 장난감 핫도그에 붙어 있는 스토리는 엄지손가락 톰과 홍카뭉카가 인형의 집에서 가짜 연회를 발견한다는 동화를 판매자가 회상하는 내용이었다. 물건 설명의 마지막 줄은 이랬다. "나는 음식이 꼭 아름다울 필요는 없다는 사실을 잊지 않으려고 이 핫도그를 가지고 있다."

아주 평범한 핫도그였다. 1달러 상점에 가면 플라스틱 장난감 음식이 아마 한 세트는 있을 것이다. 그런데도 이 장난감 핫도그는(12센트를 주고 산 것) 이베이에서 3.58달러에 팔렸다.

'의미 있는 물건 프로젝트'의 첫번째 실험에서는 128.74달러어치의 하잘것없는 물건들이 3612.51달러라는 놀라운 가격에 팔렸다. 연구진은 다시 실험을 진행했다. 이번에도 효과가 있었다. 세번째로 진행했다. 200달러어치의 쓸모없는 물건들이 수천 달러에 팔렸다(수익금은 전액 기부하거나 글을 작성한 작가들에게 돌아갔다).

한번 생각해보자. 플라스틱 핫도그나 플라스틱 스노볼을 구매한 사람들은 자신이 뭔가 특별한 걸 구매하는 게 아니라는 사실을 분명히 알고 있었다. (똑같거나 혹은) 비슷한 물건은 벼룩시장이나 중고 물품점에서도 얼마든지 구할 수 있었다. 스토리와 해당 물건 사이에 깊은 관련이 있는 것도 아니었다. 그런데도 200명의 사람들은 아무 가치 없는 물건을 당초 물건 가격보다 평균 2800퍼센트나 비싼 값에 구매했다. 이는 모두 그들이 훌륭한 스토리를 읽었기 때문이다. 만약 스토리가 이처럼 하잘것없는 물건도 팔 수 있다고 한다면, 여러분의 물건이나 서비스처럼 근사한 것을 팔 때는 과연 얼마나 대단한 역할을 할 수 있을지 한번 상상해보라!

당신의 첫번째 스토리는 무엇인가

여러분은 스토리를 가지고 있다. 스스로는 아직 모르고 있다고 하더라도 말이다.

어제 막 사업을 시작했다 하더라도 그동안 듣고, 보고, 읽은 남의 이야기가 있다. 연관시킬 수 있는 개인적 경험도 있다. 이전에 다니던 직장의 사장님과 관련된 이야기도 있다. 그리고 솔직히 훌륭한 스토리가 하나만 있어도 일단 시작은 할 수 있다.

우리처럼 내향적인 사람들에게는 물건이 주는 이점을 가지고 영업하는 것보다는 스토리를 들려주는 편이 더 쉽다. 물건의 이점이란 잠재고객이 듣기를 원할 거라고 여러분이 믿고 있어서 이야기하는 것들에 불과하다. 물건의 이점에는 가슴과 영혼이 없다. 이점을 늘어놓는 것은 부자연스럽고 가짜처럼 느껴진다. 게다가 이점을 잘 정리된 상태로 기억하는 것은 믿기지 않을 만큼 어려운 일이다. 영업 미팅이 한창인 도중이라면 말할 것도 없다. 나는 어떤 목록을 외려고 하면 긴장이 되어서 적어도 한 가지는 꼭 잊어버리고 만다.

내가 여러분에게 세 가지 목록(음식, 의자, 침대)이 적힌 리스트를 줬다고 생각해보자. 일 년이 지난 후 돌아와서 여러분에게 그 목록을 순서대로 말해보라고 하면 목록은커녕 그런 대화가 있었다는 사실 자체를 기억하지 못할 수도 있다.

그렇지만 지금 당장이라도 전래동화 '골디락스와 세 마리 곰' 이야기는 나에게 들려줄 수 있을 것이다. 소녀는 뭘 했을까? 곰들의 음식을 먹어치우고, 의자를 부수고, 곰들의 침대에서 잠을 잤다. 어쩌면 여러분은 아이들이 잠들기 전에 들려주는 이 이야기를 벌써 수년째 한 번도 들은 적이 없을 테지만, 내가 위에 쓴 것처럼 순서대로 이야기를 기억해내는 데에는 아무 어려움이 없을 것이다.

스탠퍼드대학교의 제니퍼 아커 교수는 그냥 사실을 나열해놓은 목록을 보여주었을 때보다 이야기의 형식으로 정보를 전달하면 사람들이 기억해낼 확률이 스물두 배나 더 높다는 사실을 발견했다. 프린스턴대학교의 유리 헤이슨 박사는 '신경 커플링neural coupling'이라고 하는 것의 증거를 발견했다. 스토리에 귀를 기울이면 우리의 뇌는 화자의 뇌와 동기화되기 시작한다. 뇌의 같은 부위가 동시에 활성화되는 것이다. 스토리를 들려준다는 것은 흡사 텔레파시를 주고받는 것과 유사한 행동이다.

스토리는 자연스럽게 흐른다. 우리는 누구나 이미 스토리를 들려주는 데 익숙하다. 어릴 때 신나는 가족 휴가에서 진창에 빠졌을 때부터 말이다. 게다가 여러분은 그 똑같은 스토리를 이미 수도 없이 들려주었다. 똑같은 스토리를 들려주면 들려줄수록 여러분의 스토리텔링은 더 훌륭해진다.

여러분이 배우자를 처음 만났던 스토리를 한번 생각해보자.

그 이야기를 처음 했을 때는 아마도 좀 장황했을 것이다. 하지만 그 얘기를 들려주고 또 들려주다보니 어느 부분에서는 사람들이 지루해하고 또 어느 부분에서는 사람들의 눈빛이 흥미진진 반짝이는지 눈치채게 되었을 것이다. 자연히 여러분은 이야기가 가라앉는 부분은 빨리 지나가거나 전체를 건너뛰기 시작했을 것이다. 어쩌면 재미난 부분은 더 극적으로 만들거나 각색해서 더 웃기거나 흥미진진하게 만들기 시작했을지도 모른다. 이런 과정을 반복하다보면 결국에는 한 편의 연극 같은 명작이 탄생한다.

여러분의 고객 스토리라고 해서 다를 것은 하나도 없다. 여러분은 그저 여러분이 팔고 있는 것의 가치를 훌륭히 전달하는 스토리를 한두 개 찾아내 잘 이야기하기만 하면 된다.

지금쯤 분명 여러분의 머릿속에서는 이런 목소리가 항의를 하고 있을 것이다. "그렇지만 나는 로봇처럼 들리고 싶지 않아요!" 여러분이 가장 좋아하는 영화와 거기에 등장하는 가장 좋아하는 배우를 한번 생각해보라. 해당 배우가 묘사하는 캐릭터를 좋아하는 이유는 그 배우의 연기가 가짜이고 로봇 같아서가 아니다. 그렇지 않은가? 하지만 배우가 하는 말은 모두 대본에 쓰여 있다.

어쩌면 여러분은 영업 대본이 로봇 같은 거라고 생각하고 있을지도 모른다. 텔레마케터나 영업자가 대본에 써놓은 듯이 말하는 것을 들어보았기 때문이다. 연기력이 형편없는 배우가 똑같은 실수를 저지르는 것도 본 적이 있을 것이다. 그러나 얼마나 부지런하게 대본을 잘 숙지하는가가 훌륭한 배우와 형편없는 배우를, 훌륭한 영업자와 형편없는 영업자를 구분한다. 훌륭한 영업자는 대본을 자기 것으로 만든다. 그러려면 여러분도 전문 배우와 마찬가지로 대본에 쓰인 대사를 100퍼센트 정확하게 익혀야 한다.

앉아서 대본을 보며 그대로 읽어서는 안 된다. 텔레마케터들이 로봇처럼 들리는 이유가 여기 있다. 텔레마케터들은 그냥 대본을 큰 소리로 읽는다. 훌륭한 영업자는 자신의 대본을 암기해서 자연스럽게 들릴 때까지 연습에 연습을 거듭한다.

예전에 내 교육을 종교처럼 따랐던 영업사원이 있었다. 그는 내가 영업팀의 대본을 읽는 것을 녹음해 아침마다 러닝머신 위에서 듣고 출근길 차 안에서 들었다. 그의 매출이 항상 최고 수준을 유지한 것도 놀랄 일이 아니다.

어디서부터 시작해야 할지 모르겠다면 이미 내가 분석해놓은 것을 참조하라. 아래의 구조를 보면 어디에 초점을 맞추고, 각 요소의 길이는 얼마나 되며, 여러분의 스토리에 어떤 요소가 포함되어야 하는지 감을 잡을 수 있을 것이다.

그러나 이 스토리를 즉흥적으로 들려주지는 마라. 지금 우리가 나누고 있는 이야기는 여러분의 생계가 달린 일이다. 여러분이 계속해서 꿈을 좇을지, 다른 직업을 찾아봐야 할지를 결정할 중요한 이야기다. 글로 써서, 연습하고, 연습하고, 또 하라.

1. 문제: 스토리의 도입부. 주인공의 처지에서부터 시작하라. 그들의 문제는 이것이었고, 상황은 이랬고, 감정은 이런 상태였다(소위 '비포'의 그림). 상황을 잘 묘사해야 잠재고객이 직면한 문제를 내가 정말로 잘 이해한다는 사실을 잠재고객도 알 수 있다. '모든 걸 다 잃을 수 있다는 두려움' '자녀와 유대감을 느끼고 싶은 바람'처럼 스토리 속 주인공의 우려나 개인적 스트레스, 불안, 좌절 등을 강조하라. '커피'의 그윽한 향기, '곰팡이'의 눅눅한 냄새처럼 감각을 일깨우는 단어를 사용하라. 잠재고객이 자신과 똑같은 고통이나 욕망이 존재하는 스토리 속에서 자기 자신을 보고 느낄 수 있게 하라.

2. 분석과 실행: 여러분이 주인공의 상황을 어떻게 분석했고 그 문제를 해결하기 위해 무엇을 제안했는지 윤곽을 그려줘라. 주인공에게 일어난 깨달음의 순간을 묘사하라. 스스로 자신의 앞길을 막고 있었다는 사실 혹은 자신의 문제에 대해 정확한 시각을 갖고 있지 못했다는 사실을 주인공이 깨달았던 순간을 설명하라. 그리고 주인공이 그 해결책을 달성하기 위해 무슨 일을 했는지 이야기하라. 주인공이 꼬박 석 달간 노력했다고 말이다. 절대로

'가르치지 마라'. 여러분이 선생님처럼 들리는 순간, 듣는 사람은 자동적으로 학생 역할을 맡게 된다. 다시 학생이 된 기분을 느끼고 싶은 사람은 아무도 없다. 여러분은 강의를 하려고 그 자리에 있는 게 아니다. 여러분은 (훌륭한 스토리가 모두 그렇듯이) 듣는 사람에게 동기를 부여하고 용기를 북돋기 위해 거기 있는 것이다. 그러면서도 상대의 필요에 호소력을 갖는 교훈을 공유하라.

3. 결과: 이제 스토리의 '애프터' 부분을 이야기할 차례다. 스토리 속의 주인공은 이런 결과를 얻었고, 이렇게 관점이 바뀌었고, 18킬로그램을 감량했고, 오랫동안 잃어버렸던 형제와 다시 연락하고 있다고 이야기하라. 그러면서 주인공의 이전 상황은 이랬는데 지금은 이렇다는 사실을 재정립하라. "그래서 아무도 읽지 않을 제안서만 끝도 없이 쓰며 신용카드 빚에 허덕이던 알렉스는 이제 초기 미팅 그리고 요점만 간략히 적은 이메일만 가지고도 수십억대 매출을 올릴 만큼 사업이 성장했어요."

4. 이야기가 주는 교훈: 잠재고객에게도 이 솔루션이 필요한 이유. 다음과 같이 이야기하면 된다. "바로 그렇기 때문에 시간을 들여서 영업 프로세스를 배우는 게 정말로 중요한 겁니다. 이렇게 말하는 분들도 많았어요. '흠, 할 게 많네요.' 그렇지만 알렉스의 경우에 약속을 하나 잡으

려고 얼마나 많은 모임에 참석하고, 미팅을 하고, 기나긴 제안서를 쓰고, 또 후속 조치가 얼마나 많았는지 한번 생각해보세요. 어떨 때는 몇 주씩, 몇 달씩 걸리는 그 모든 활동이 다 비용인데 결국에는 '관심이 없다'는 답만 돌아왔죠. 그걸 생각해본다면 영업 프로세스를 배우는 건 그렇게 많은 일이 아니에요. 계속해서 그걸 피하는 게 일이죠."

다시 한번 강조하겠다. 영업 방법을 배우는 것은 크게 힘들지 않다. 하지만 계속해서 피하려고만 한다면 그때는 정말 힘들어질 것이다.

6장

반박하지 말고
보충하라

5단계 반론 대처법

요령이란 적을 만들지 않으면서
내 주장을 펼치는 기술이다.

- 아이작 뉴턴

The Introvert's Edge

———

　토머스는 글로벌 부동산 회사 콜리어스 인터내셔널의 오스틴 지사에서 일했다. 상사들은 곧 토머스를 내보낼 생각이었다. 내향적인 성격의 토머스가 영업에서 결과를 내지 못했기 때문이다. 도움이 절실했던 토머스는 상사를 설득해 내향적인 성격에도 불구하고(그들의 표현이다) 그가 영업사원으로 성공할 수 있는 방법을 알아낼 때까지만 나를 컨설턴트로 고용했다.

　알고 보니 회사가 나를 고용한 것은 토머스뿐만 아니라 팀 내 다른 두 영업사원까지 교육하기 위해서였다. 이 두 동료는 수다에 소질이 있고 외향적인 성격의 강성 영업사원, 즉 '타고난' 사람들이었다. 둘은 모든 전화와 미팅 약속, 모든 대화를 반드시 이겨야 할 '전투'처럼 생각했고, 고객의 반론은 격파해야 할 적군으로 생각했다.

그중에 한 명이 특히 공격적이었는데, 그는 스스로 자신의 별명을 '싸움닭'이라고 지을 정도였다. 그는 작전과 지형을 알고 있었고 고객의 반론이라는 지뢰밭을 지나야 한다는 사실도 알았다.

그는 아침마다 커피로 한껏 긴장감을 끌어올린 다음 수화기를 들고, 한 통, 한 통 계속해서 전화를 걸었다. 승리를 향한 그의 거침없는 행진에 방해가 되는 사람이 있다면 모두 불도저로 밀어버리면서 말이다. 그는 절대로 자신을 굽히지 않았고, 테이블 위에서 불끈 쥔 주먹을 펴지 않았으며, 전화기 스피커에 대고 고객에게 큰소리를 쳤다고 지나간 일화들을 내게 들려주었다.

우와, 저렇게 살 수도 있구나 싶을 정도였다.

나는 세 사람을 모두 불러모아 이렇게 말했다. "여러분, 이렇게 한번 해보세요. 고객의 반론을 듣게 되면 상대가 승복하거나 전화를 끊을 때까지 마구 야단을 치지 마시고, 그냥 스토리를 하나 들려주세요."

만약에 여러분이 나나 내가 아는 다른 내향적인 사람들과 비슷하다면 상대의 반론을 들었을 때 잠깐 시간이 필요할 것이다. 어떻게 반응할지 잠깐 생각을 해보아야 할 것이다. 앞서 레슬리 소드의 말을 인용했었다. "내향적인 사람은 정보에 대해 반응하기 전에 그 정보를 '소화할' 시간이 필요하다." 우리는 신중히 생각해본 다음에 답하는 것을 좋아한다. 즉각 날카롭게 쏘아붙이는 것은 내향적인 사람의 일반적 특징은 아니다. 누가 이의를 제기하면 내면으로 잠시 철수하는 게 내향적인 사람의 타고난 본능이다. 우리가 할말을 잃는 것은 그 때문이다.

이럴 때 잠시 '일시 정지' 버튼을 누르고 다음과 같이 자문할 수 있다면 정말로 좋을 것이다. '내가 가진 스토리 중에서 이 사람의 걱정을 해소할 수 있는 스토리는 어느 것일까?'

좋은 소식이 있다. 바로 그렇게 할 수 있는 방법이 있다. 나는 이걸 '반론 대처 완충장치'라고 부른다. 고객이 이의를 제기하면 여러분은 마치 반사 반응처럼 다음의 문구를 말하면 된다. 잠깐 동안 비는 시간의 틈을 메워줄 이 문구는 여러분이 연습하고 또 해서 입에서 자동으로 나와야 한다. 그러는 동안 머릿속으로 우리의 무기 창고에 있는 스토리들을 빠르게 넘겨보며 그중에 가장 적합한 것을 고르면 된다.

나는 내가 코칭하는 고객들에게 늘 이렇게 말하라고 한다. "완벽하게 이해합니다. 저는 고객님의 시간을 한순간이라도 낭비하고 싶은 마음은 절대 없습니다. 그런데……" 이렇게 말했는데도 잠재고객이 또다른 이유로 이의를 제기한다면 같은 말을 더 짧은 버전으로 하면 된다. "완벽히 이해합니다. 그런데……"

내가 고객들에게 정확히 이렇게 말하라고 시키는 이유는 효과가 있기 때문이다. 호주의 태즈메이니아에서부터 미국 텍사스에 이르기까지 실제로 사용해보고 검증된 문구다. 그렇긴 해도 여러분은 자기 자신에게 진실해야 한다. 만약 이 문구가 자신과 잘 어울리지 않는다면 어울리는 문구를 찾아낼 때까지 계속 실험하라. 그런 다음 연습하고, 연습하고, 또 연습하라. 그 대답이 즉각 튀어나와야 한다. 그래야 입은 움직이면서 동시에 머리로는 그 반론을 처리할 적절한 스토리를 고를 수 있다.

(참고로, '하지만'이라는 단어는 절대로 사용하지 마라. '하지만'은 그 앞에 말한 모든 내용을 부정하는 단어다. 누군가 여러분에게 이렇게 칭찬을 한다고 상상해보라. "저기, 그 옷 잘 어울리기는 하지만……" 상대가 앞 부분에 좋은 말을 한 이유는 그다음에 좋지 못한 말을 할 것이기 때문이다. 반론에 대처할 때는 여러분이 경청하고 있다는 사실을 잠재고객이 반드시 알 수 있게 해야 한다. 그리고 상대의 관점을 긍정해야지, 부정해서는 안 된다.)

콜리어스에서 일하는 외향적인 두 직원에게 이 완충장치는 또다른 이점이 있었다. 수화기에 대고 소리를 치고 싶을 때에도 어쩔 수 없이 냉정함을 유지하게 된다는 점이었다. 내향적인 토머스에게는 이 완충장치가 대답을 준비할 시간을 벌어줬다.

앞서 5장에서 이야기했듯이, 상대의 반론에 정면으로 맞서서는 안 된다.

그러지 말고 상대에게 스토리를 들려줘라. 상대와 유사한 걱정을 안고 있었으나 그래도 결단을 내렸던, 상대와 '꼭 닮은' 사람의 이야기를 들려줘라. 오늘날 그 사람은 그 결단을 기쁘게 생각하고 있고 그 이유는 바로 결과 때문이라는 것, 그리고 아마 상대도 똑같은 결과를 원할 거라고 이야기하라.

세 영업사원에게 이 부분을 설명하면서 나는 이렇게 말했다. "비슷한 고객이 콜리어스를 택함으로써 어떻게 걱정을 내려놓을 수 있는지에 관한 스토리도 좋습니다. 여러분이나 여러분의 팀이 최근에 거두었던 성공에 관한 스토리도 괜찮습니다. 누군가 똑같은 반론을 갖고 있었음에도 왜 최종적으로는 추진하게 됐는지에 관한 스토리도 좋아요. 어찌되었든 스토리를 들려주세요."

커피에 한껏 기분이 고조된 그 영업 투사가 말했다. "선생님, 저쪽에서 전화를 끊어요. 저는 핵심을 얘기할 시간이 별로 없고요. 평균 8초 정도밖에 안 돼요. 그런데도 기나긴 스토리를 들려주며 전화를 끊지 않기를 바라라고요? 저쪽은 더 빨리 전화를 끊어버릴 거예요."

내가 더 많은 컨설팅과 코칭을 진행(이 과정에서 나도 반론 대처용 스토리들을 활용해 이들의 반론을 극복했다)한 결과, 두 영업 투사도 마침내 시도는 한번 해보기로 했다. 고객이 "저희한테는 좀 이른 것 같아요" 혹은 "이미 거래하는 업체가 있어요"라고 말하더라도, 몸에 밴 오랜 습관대로 칼을 꺼내서 마구 휘두를 것이 아니라 억눌러보라고 했다.

그러면서 누군가 지금의 계약을 워낙 오래 유지하고 있어서 다른 걱정이 없다고 말하면 그 싸움닭이라는 친구는 이렇게 말하기로 했다. "완벽하게 이해합니다. 저는 고객님의 시간을 한순간이라도 낭비하고 싶은 마음은 절대 없습니다. 그런데 저희한테 존이라는 고객님이 계셨는데요, 6개월 전에 고객님과 똑같이 말씀을 하셨던 분이죠. 제가 그분께 오스틴이 성장하면서 상업용 부동산 임대물이 빠르게 소진되고 있고, 너무 오래 기다리면 훌륭한 신축 할인 혜택 기회를 놓치실 거라고 말씀드렸어요. 그분은 일단 한번 제 말을 믿어보기로 했는데, 지금은 얼마나 다행으로 생각하시는지 모릅니다. 조금만 더 미뤘더라면 수십만 달러를 손해보셨을 거예요. 그래서 저는 말씀드렸듯이 고객님의 시간을 조금도 낭비하고 싶은 마음은 없지만 고객님도 똑같은 기회를 혹시 놓치는 건 아닌지 제 이야기를 한번 들어보시고 확인을 해보시는 게 어떨까요?"

논리나 팩트는 반박할 수 있지만, 스토리는 그 모든 것을 피해 간다. 대화를 논쟁으로 만들거나 상대를 깔아뭉개려고 하다보면 ("그쪽이 한 얘기가 왜 다 틀렸는지 말해줄게요") 여러분이 지나치게 밀어붙이는 사람처럼 보이게 되고 상대는 여러분을 믿거나 믿지 않거나 둘 중 하나를 억지로 선택해야만 한다. 하지만 스토리는 상대의 걱정거리를 다룰 수 있고, 상대의 두려움이 정당하다고 두둔하며, 여러분이 상대와 똑같은 문제를 가진 사람들을 이미 도와준 적이 있다는 증거가 된다. 직접적으로 고객의 단언이나 주장을 전혀 반박하지 않으면서도 말이다.

상대가 숫자나 다른 효용을 가지고 여러분을 반박하기는 쉬워도, 여러분의 다른 고객과 관련된 스토리를 틀렸다고 말하기는 어렵다. 그랬다가는 여러분을 거짓말쟁이라고 부르는 것밖에 안 될 테니 말이다.

스토리는 대화의 긴장을 녹이고 고객을 무장해제시킨다. 왜냐하면 여러분이 상대방이나 그의 걱정을 반박한 게 아니기 때문이다. 여러분은 그저 다른 사람에게 일어난 일을 이야기하며 유사성을 지적했을 뿐이다.

그렇다면 이 방법은 콜리어스 영업팀에게 어떤 효과가 있었을까? 스토리를 들려줌으로써 영업사원들은 도전 목표를 달성했을 뿐만 아니라 두 달 만에 지사 전체(이미 오스틴에서 가장 큰 상업용 부동산 회사 중 하나였다) 매출이 100만 달러가 늘었다. 12개월 후에는 사업 매출이 두 배 이상으로 늘었다.

이유가 뭘까? 고위급 경영자들이 상업용 부동산에 관한 의사결정을 내릴 때 강매 방식은 잘 먹히지 않는다. 노련한 경영자들('거물급')은 밀어붙이기식 영업사원들(특히나 젊은 사람들)을 물리치고 거절하는 방법에 도통해 있기 때문이다. 그러면 그냥 전화를 끊어버리기 일쑤였다. 하지만 스토리를 들려주면서 콜리어스의 직원들은 대화를 '예스/노' 방식에서 '스토리와 교훈' 방식으로 바꿀 수 있었다. 경영자들은 압박 전술을 사용하는 영업사원들에게는 그냥 전화를 끊어버렸지만 자신과 비슷한 처지의 사람들에 관한 얘기에는 귀를 더 잘 기울이는 경향이 있었다. 세 사람은 점점 더 큰 계약을 성사시키기 시작했는데 직위가 높은 사람들의 구매가 늘어난 덕분이었다.

실은 스토리에 기초한 판매 방식으로 바꾸고 상대의 반론에 스토리로 대응하기 시작하면서 효과를 너무나 크게 보았기 때문에 지금은 콜리어스의 영업팀 전체가 일주일에 한 번씩 30분간 고객 스토리를 서로 공유하는 시간을 갖고 있다.

그렇다. 그 싸움닭도 매주 '스토리 타임'에 참석하고 있다.

스토리는 옳고 그른 게 없다

내가 반론 대처 스토리를 발견한 것은 우연이었다. 처음 방문 판매를 시작했을 당시 내가 계속해서 듣게 됐던 반론이 있었다. "저기요. 나는 절대로 오즈컴은 사용 안 해요. 전에 한번 사용해봤는데 안 터지는 곳이 더럽게 많더라고요. 그래서 다시 텔스트라로 돌아간 거예요."

사실이었다. 오즈컴이 처음 나왔을 당시에는 호주의 다른 대형 통신사와는 비교가 되지 않을 정도로 서비스 지역이 좁았다. 어릴 때 나도 직접 경험했다. 사실이라는 걸 알고 있는 지적을 내가 어떻게 반박한단 말인가? 단순히 "틀렸어요. 우리는 훌륭해요. 계약서에 사인하세요"라고 말할 수는 없는 노릇이었다. 나는 그들의 경험을 부인하지 않으면서도 반론에 대처할 방법을 찾아야 했다.

그런데 어느 날 대안이 하늘에서 뚝 떨어졌다. 어느 고객으로부터 뜬금없는 전화를 한 통 받았는데 그는 내게 다시 오즈컴을 시도해보게끔 설득해줘서 고맙다고 했다. 서비스 지역도 괜찮았고 돈도 아주 많이 절약되어 기뻤다는 것이다. 이로써 반론 대처 스토리가 하나 만들어졌다. 그다음번에 누군가 오즈컴과 텔스트라의 서비스 지역을 핑계로 삼았을 때 나는 이런 스토리를 들려줬다.

완벽하게 이해합니다. 저는 고객님의 시간을 한순간이라도 낭비하고 싶은 마음은 절대 없습니다. 그런데 얼마 전에 저에게 전화를 주셨던 어느 고객님도 고객님과 똑같이 서비스 수신 범위가 나빠서 고생한 경험이 있으셨어요.

처음에 저와 이야기를 나눌 당시에는 텔스트라에서 오즈컴으로 다시 돌아가고 싶지 않다고 말씀하셨었죠. 저도 포기하려다가 그냥 한번 여쭤봤어요. "처음에 오즈컴을 사용하셨을 때는 왜 그런 선택을 하셨어요?"

"돈을 절약하려고요"라고 말씀하시더군요. 당연히 이해합니다. 마진율이 20퍼센트밖에 안 되는 소매업에서 1달러를 절약한다는 건 5달러어치를 판매한 것이나 마찬가지죠.

그래서 제가 그랬어요. "그러니까 처음에는 돈을 절약하려고 옮기셨다가 그다음에는 수신 범위 때문에 되돌아가셨다는 말씀이시죠? 합리적이네요. 그런데 지금은 오즈컴에서 수백만 달러를 들여서 새로운 통신 탑을 세운 결과 오즈컴의 서비스 수신 범위는 95퍼센트이고 텔스트라의 수신 범위는 99퍼센트이니, 사실상 거의 차이가 없어요.

처음에는 돈을 절약하려고 옮기셨다가 다음에는 수신 범위 때문에 떠났다고 하셨죠. 그러면 이제 그런 일이 있었던 건 다 잊고 완전히 새로운 내용으로 다시 시작해보면 어떨까요. 수신도 모두 되면서 통신비도 그대로 다 절약된다면 당연히 기회를 잡지 않으시겠어요?"

그랬더니 그분이 말씀하셨어요. "흠, 그런데 그게 사실이 아니면요?"

제가 말씀드렸어요. "30일간 어떠한 조건도 없이 취소하실 수 있는 조건을 붙여드릴게요."

그래서, 짧게 말씀드리면 그분이 얼마 전에 저에게 전화를 하셔서, 지금은 수신도 잘 되고 돈도 절약하고 있다면서 고맙다고 하셨어요.

그러니까 고객님의 경우에도 그때는 오즈컴으로 바꾸실 필요가 없었다는 걸 저도 충분히 이해하지만, 지금은 수신 범위가 좋아졌으니, 그리고 당연히 고객님께도 제가 그분과 똑같은 취소권을 드릴 테니, 그러면 원하시는 걸 모두 다 얻을 수 있지 않을까요? 30일 취소 조건으로 당장 지금부터 한번 X달러를 절약해보시겠어요?

나는 그가 틀렸다고 말하지 않았다. 사실 정확히 말하면 나는 그의 반론을 반박할 시도조차 하지 않았다. 나는 그 모든 걸 그냥 피해 갔다. 그저 한때 그와 비슷한 반론을 가졌으나 결국에는 본인의 구매 결정에 만족하게 된 다른 사람의 이야기를 들려주었을 뿐이다. 내가 논리적으로 반박한다면 사람들은 따지고 들 수 있겠지만, 다른 사람이 나에게 전화를 걸어 오즈컴으로 돌아오게 해줘 고맙다고 말했다는 사실을 부정할 수는 없다.

나는 상대에게 무언가를 받아들이거나 거절하라고 요구하고 있지 않다. 나는 그냥 정서적인 수준에 호소하는(무언가를 놓치는 것에 대한 두려움, 절약할 때 얻는 기쁨) 스토리 하나를 공유하고 있을 뿐이다. 더 중요한 것은 이 스토리의 교훈이 무엇일지는 상대가 결정한다는 점이다.

이게 바로 스토리의 장점이다. 스토리는 옳고 그른 게 없다. 듣는 사람에게는 그냥 들어달라는 것 말고는 아무것도 요구하지 않는다. 스토리는 사람들이 가지고 있는 무의식적인 방어 태세를 우회한다. 왜냐하면 스토리는 당신에게 어떤 팩트를 고려해

달라거나, 어떤 반응을 해달라고 요구하지 않기 때문이다.

스토리는 그냥 스토리일 뿐이다.

무작정 팔려고 하지 말고 컨설팅하라

오해하지 마시길. 여러분은 영업자가 맞는다.

남을 설득해 의사결정에 영향을 미칠 수 있느냐가 당신의 생계를 결정한다면 당신은, 다른 그 어떤 측면을 가졌느냐와 상관없이, 무언가를 영업하는 사람임이 분명하다. 나는 생계를 위해 영업을 하는 사람이라는 걸 있는 그대로 인정해야 한다.

알렉스는 작업할 프로젝트가 없다면 할일이 아무것도 없다. 짐 코머는 의뢰를 받지 않는 이상 아무것도 강연할 수가 없다. 잭은 애초에 고객이 없다면 고객을 코칭할 수 없다. 일단은 영업을 해야 다른 모든 일이 일어난다. 그러나 동시에 여러분은 스스로를 영업자라고 생각해서는 안 된다.

내가 이런 말을 통해 사고방식의 미묘한 전환을 유도하려 했던 사람 중에 토미가 있었다. 토미는 내가 오즈컴에서 팀 매니저가 된 후 처음으로 훈련한 영업사원 중 한 명이었다. 토미는 내가 내 회사를 차리고 한 달 정도가 되었을 때 들어왔는데 지속적으로 낮은 매출을 기록하고 있었다. 나는 토미에게 내가 사용하는 모든 방법을 가르쳤지만 상대의 반론에 부딪히는 순간 내가 써준 대본 따위는 모두 창밖으로 날아가고 말았다. 거친 동네 출신인 토미는 금세 '대립 모드'로 바뀌는 데 익숙했다. 언제든지 전화통화가 조금이라도 논쟁적으로 바뀔라치면 그는 즉각 예전의 공격적인 태도로 돌변했다. 대화는 곧장 싸움이 되어 그는 고객이 왜 틀렸고 우리 제품이 왜 더 나은지 계속 같은 주장을 반복했다.

결국 나는 그를 따로 불러서 이렇게 말했다. "토미, 이렇게 한 번 해보세요. 당신이 영업자라고 생각하지 마세요. 영업자는 남의 목구멍에 뭔가를 억지로 쑤셔넣으려는 사람이죠. 사무실에 들어서면 그 누구와도 대화를 나누기 전에 스스로에게 이렇게 말해주세요. '나는 영업자가 아니다. 나는 영업자 겸 컨설턴트다.' 당신은 상대가 그에게 최선인 것을 찾아낼 수 있게 도와주려고 그 자리에 있는 겁니다. 상대에게 통신 제품을 팔기 위해서, 혹은 팔려고 죽도록 노력하기 위해서 그 자리에 있는 게 아닙니다. 반박하지 마세요. 질문을 하세요. 당신이 상대방의 변호사나 회계사인 것처럼 질문을 하세요. 당신 스스로를 통신 전문가라고 생각하고, 당신의 전문적 의견을 상대에게 전달하세요."

효과가 있었다. 토미는 관심의 초점을 '고객을 이기는 것'에서 '고객에게 조언을 주는 것'으로 바꾸었다. 잠재고객이 반론을 제기한다는 것은 토미가 상대의 상황을 제대로 이해하지 못했거나, 아니면 그게 왜 자신에게 도움이 되는지 상대가 이해하지 못했기 때문이었다. 토미는 이제 상대에게 틀렸다고 말하는 대신 자신의 '전문적' 의견과 상대의 반론 사이에 단절 지점이 어디인지 찾아낼 수 있는 질문을 했다.

그리고 이렇게 하려다보니 자연히 토미는 상대의 말을 더 잘 듣게 됐다. 계속 혼자서 떠드는 이전의 전략 대신에 상대가 정말로 하려는 말이 무엇인지에 집중하게 됐다. 상대는 싸우고 싶어서 그러는 게 아니었다. 상대는 그저 자신을 위해 혹은 자신의 사업을 위해 최선의 결정을 내리고 싶을 뿐이었다. 그리고 토미가 주의깊게 들어보면 상대의 반론을 극복할 수 있는 맥락을 더 잘 파악할 수 있었다. 토미는 이제 상대의 반응을 '거절'로 받아들이는 게 아니라 '오해'로 바라볼 수 있게 됐다. 상대에게 뭐가 중요한지 토미 자신이 오해를 하고 있거나, 아니면 상대가 우리 쪽의 문제 해결 방법을 오해하고 있거나, 둘 중 하나였다.

'영업자'라고 하면 우리는 즉각 너절한 중고차 딜러나 관심사라고는 다음번 커미션 액수밖에 없는 의심스러운 양복쟁이가 떠오른다. 여러분은 그런 사람이 아니다(만약에 그런 사람이라면 지금 책을 잘못 골랐다).

여러분이 나와 비슷하다면 여러분은 그저 여러분 자신을 포기하지 않으면서 스스로에게 진실한 방식으로 본인의 제품과 서비스를 홍보하고 싶을 것이다.

7장

고객은
지금 몇 도인가

6단계 마지막 단추 꿰기

강의 깊이를 알고 싶다고
두 발을 모두 담그지는 마라.

- 워런 버핏

The Introvert's Edge

여러분은 강압적인 영업자가 되고 싶은가?

당연히 아닐 것이다. 심지어 외향적인 사람들조차 많은 이들이 '강매'라고 하면 움찔할 것이다. 강압적으로 뭘 팔고 싶은 사람은 아무도 없다. 그런데도 왜 전통적인 영업 접근법은 우리에게 '공격적'이 되라고 가르칠까?

남에게 무언가를 팔려고 하면 누구나 해결해야 하는 똑같은 문제가 있다. 바로 무언가를 손해볼까 걱정하는 상대의 근원적 두려움이다. 사람들은 나쁜 결정을 내리느니 그냥 아무 결정도 내리지 않으려고 한다. 더 좋은 것을 얻기 위해 지금 가진 것을 위험에 처하게 하느니 그냥 지금 가진 것을 고수할 것이다. 그래서 이런 말이 나온다. '손안에 있는 새 한 마리는 숲속에 있는 새 두 마리의 가치가 있다.' 더 좋은 것(그들의 문제를 해결해줄 제품이나 서비스)과 바꾸느니 지금 가진 것(돈)을 지키는 편이 더 안전하다.

언젠가 호주 남부에서 영업 매니저로 일할 때 나는 애들레이드에서 어느 외판원에게 영업 방법을 보여주고 있었다. 그날 미팅을 갖게 된 부부는 내게 말하길 오늘은 그 어떤 계약서에도 서명하지 않기로 미팅 전에 둘이서 합의를 봤다고 했다. 그러나 미팅을 진행하면서 두 사람은 너무나 편안해진 나머지 서로 고개만 한번 끄덕이고는 그대로 계약서에 서명했다. 여러분이 영업 프로세스를 이 정도 수준까지 갈고닦으면 그때부터 영업 미팅은 더이상 미팅이 아니라 마치 하나의 공연, 한 편의 연극 공연처럼 바뀐다.

많은 영업자가 강압적이 되어야만 한다고 생각한다. 다른 방법으로도 사람들을 움직일 수 있다고는 믿지 않는다. 그런 영업자들은 의사결정을 강요한다. 고객이 생각하고, 또 하고, 또 할 때까지 참을성 있게 기다리지 않는다.

"글쎄요, 그게 꼭……"

"저기, 아내와 상의를 좀……"

"목사님하고 먼저 꼭 의논을 해야……"

나는 온갖 종류의 핑계란 핑계는 다 들어보았다. 결정을 내리기가 두려운 사람들이다. 나 역시 그래본 적이 있다. '다른 데 가면 분명히 더 나은 걸 찾을 수 있을 것 같은데'라든가 '지금은 이

걸 할 시간이 없어. 하지만 어쩌면 일 년 후엔⋯⋯'이라고 생각했었다.

걱정하지 마라. 나는 여러분이 공격적이 되어야 한다거나 '계약을 청해야' 한다고 말하려는 게 아니다. 그런 것은 강압적이고 외향적인 영업자를 위한 전통적 생각에 불과하다. 우리는 그들이 아니다.

마찬가지로 사람들에게 무한정의 시간을 주면 사람들은 그 시간을 다 쓸 것이다. 하나를 팔아보려고 안간힘을 쓰느라 많은 시간을 쓸수록 다른 걸 팔 수 있는 시간은 줄어들 것이며 나머지 일을 챙길 시간은 훨씬 더 줄어들 것이다. 다시 말해 누군가 결정을 내리도록 기다리느라 시간을 많이 낭비하면 낭비할수록 다른 고객을 위한 시간은 남지 않을 것이다.

딜레마다. 사람들은 누가 밀어주어야 하면서도 강요당하는 것을 좋아하지는 않는다. 우리는 잠재고객을 움직여야 하지만, 밀어붙이고 싶지는 않다. 내향적인 사람이 노골적으로 계약을 청하지 않으면서도 계약을 청할 수 있는 방법은 뭘까?

밀어붙이지 않으면서 상대를 움직이려면 어떻게 해야 할까?

고객의 시그널을 포착하라

어릴 때 나는 천식이 있었다. 나를 도우려고 했던 것인지 죽이려고 했던 것인지는 모르겠으나 부모님은 나를 잠영潛泳 수업에 등록시켰다(결과적으로는 폐활량이 늘어나서 나에게 도움이 되긴 했지만, 부모님이 그걸 알고 등록시킨 것인지는 모르겠다).

수업이 시작될 때 학생들은 그냥 점프해서 수영장에 뛰어들지 않는다. 아직 수영장 물이 얼음장처럼 차가울 수도 있기 때문이다. 일단 발가락만 넣어서 온도를 본다. 충분히 따뜻하다 싶으면 머리부터 다이빙을 해도 된다.

무슨 말을 하려는지 알 것이다. 사실 이 아이디어는 전통적 영업 접근법에서는 상당히 익숙한 것이다. 영업자는 상대가 나에게 호의적인지, 그래서 구매할 준비가 되었는지 신호를 잘 살펴야 마땅하다. 그런 신호에는 고개를 끄덕인다거나, 자세가 편안하게 열린다거나, 느긋한 기색이 보인다거나 기타 비언어적인 여러 징후가 포함된다. 전화통화중이라면 상대의 목소리 톤이나 그가 사용하는 어휘, 상대가 미래에 관해 이야기하고 있는지(현재에 관해서는 이미 결심이 섰는지) 등에 귀를 기울여야 한다.

하지만 이런 것들은 심리학자나 점쟁이들에게 맡겨두기로 하자. 상대의 온도를 잴 수 있는 훨씬 더 쉬운 방법이 있다. 내 방법대로 하면 다년간 미세표정이나 언어학을 연구할 필요도 없다.

혹시 두 가지로 해석될 수 있는 말을 해본 적이 있는가? 그랬는데 상대가 잘못 해석했던 적은? 오해가 있었다는 사실을 깨달으면 우리는 이렇게 말한다. "아, 아니요. 그 말이 아니었고요! 제 말씀은……"

한편 내가 실제로 의미한 뜻에 대해 상대의 반응이 좋지 않은 것을(혹은 내가 한 말이 나를 창피하게 만들 수도 있다는 것을) 문득 깨달을 때가 있다. 그래서 우리는 그 말이 아니었다는 식으로 행동한다. 실제로는 그 뜻이 맞지만 말이다.

영업에서는 일부러 이런 상황을 만들 수 있는 방법이 있다.

메셸 베이커는 인생 코치로 활동하고 있다. 잠재고객에게서 전화가 오면 메셸은 준비된 질문들을 하고 상대의 관심사에 관해 의논한 후 상대가 결정을 내릴 준비가 되었는지 판단한다. 그리고 전혀 무해한 이런 질문을 한다. "그러면 오후에 전화를 받는 게 좋으세요, 아니면 저녁에 전화를 받는 게 좋으세요?"

만약에 상대가 "네, 그게, 저는 저녁이면 참 좋겠어요"라고 말한다면, 상대는 이미 인생 코치를 받아보는 쪽으로 마음이 움직였음을 알 수 있다. 다른 신호가 없다면 메셸은 상대가 이미 '예스'라고 말한 것으로 가정한다. 이미 계약이 성사되었다고 말이다.

물어보지 않고도 물어본 셈이다.

하지만 상대가 만약 "저기요, 메셸 씨, 제가 아직 마음을 정한 게 아니고요"라고 말한다면, 메셸은 어렵지 않게 그 뜻이 아니었다는 식으로 행동하면 된다.

"아, 아니요. 그렇다는 뜻이 아니고, 선호하시는 시간대를 가지고 어떤 식으로 연락이 가는지 설명을 좀 드리려고요."

별로 중요하지 않은 대화 같지만, 실제로는 많은 것을 얻을 수 있다.

1. 잠재고객에게 결정을 내려야 한다는 약간의 자극을 줄 수 있다.

2. 노골적인 질문으로 상대에게(메셸 자신에게도) 압박감을 주지 않으면서도 잠재고객이 마음속으로 이미 결정을 내렸는지 온도를 가늠할 수 있다.

3. 상대가 약간 사과하는 형태가 된다. "아, 오해해서 미안해요, 메셸 씨." 그러면 (아주 약간이라고 해도) 잠재고객은 메셸에게 미안한 기분이 든다.

4. 메셸은 아직 더 노력해야 하고 더 많은 스토리를 들려줘야 한다는 걸 알게 된다.

상대가 내가 제시한 선택지 중에 하나를 선택하지 않는다면 아직 구매할 준비가 되지 않았다는 뜻이고, 그렇다면 메셸은 전 단계로 되돌아가서 추가 질문을 통해 상대의 고충을 알아내고 내 제품이나 서비스의 사양 또는 이점을 스토리로 바꾸는 작업을 추가해야 한다. 상대가 결정을 내리게끔 강요하려 들기(전통적인 영업 접근법)보다는 다른 뜻이었던 척하면서 부드럽게 다른 질문을 하고 다시 3, 4, 5단계로 돌아가면 된다.

상대를 망설이게 만들었던 요인을 찾아냈고 이제는 상대가 정말로 방아쇠를 당길 준비가 되었다 싶으면 비슷한 종류의 마무리 시도를 다시 해보면 된다. "그러면, 제가 지금 제 스케줄을 보고 있는데요. 화요일 저녁이랑 목요일 저녁 중에서는 어느 시간이 더 편하세요?"라든가 혹은 "대면 수업이 좋으신가요, 아니면 화상회의 방식을 더 좋아하세요?"라고 묻는 것이다.

둘 중 하나

내가 메셸에게 알려준 방법은 또하나 좋은 점이 있는데 상대에게 둘 중 하나를 선택하게 한다는 점이다. 고객에게 "하실 거예요, 안 하실 거예요?"라고 물어서는 안 된다. 그건 '예 혹은 아니오'식 대답밖에 할 수 없는 질문일뿐더러 감정이 실려 있다. 거절당하는 것은 누구나 싫어하는 일이고, 고객은 싫다고 말해서 상대를 짜증나게 하거나 스스로 죄책감을 느끼고 싶지는 않다.

그 대신에 메셸의 잠재고객은 "이게 좋으세요, 아니면 저게 좋으세요?"라는 질문을 받는다. 그러면 상대는 '예스/노'가 아니라

A 또는 B라는 선택에 초점을 맞추게 된다. 아래는 바로 그렇게 선택을 묻는 마무리 시도 방법으로 내가 우리 영업팀이나 고객들에게 직접 사용해본 것들이다. 이런 식으로 쿡 찔러주면 사람들은 자연스럽게 뭔가 행동을 하게 된다. 내가 과연 행동을 하고 싶은지 애초에 결정할 필요도 없이 말이다.

- "블랙이 마음에 드셨었나요, 실버가 마음에 드셨었나요?"
- "주중이 편하세요, 주말이 편하세요?"
- "낮 수업이 편하세요, 밤 수업이 편하세요?"
- "그러면 온라인으로 직접 고르는 편이 좋으신가요, 아니면 제가 좀더 설명을 드리는 게 좋으실까요?"
- "리스와 렌털 중에 어느 방식이 더 편하세요?"

활발한 마케팅 덕분에 나는 운좋게도 사람들이 나와 얘기를 나누려고 예약을 하게 됐다. 요즘 내가 잠재고객과 얘기를 나눌 때는 준비된 질문과 스토리를 마치면(상대가 처한 상황이 무엇이든 그를 도울 수 있는 진짜 가치를 전달한 후에) 다음과 같은 마무리 시도를 한다. "그러면, 지금 단계에서는 제가 셋 중 하나를 할 수 있어요. 고객 스스로 빠른 성장을 이룰 수 있게 도우려고 제가 만들어놓은 훌륭한 무료 콘텐츠를 안내해드릴 수 있고요……"

여기서 잠깐 한번 생각해보자. 나는 왜 무료 콘텐츠를 제안하고 있을까? 오는 게 있으면 가는 것도 있는 우리의 원초적 본능을 활용하기 위해서다. 『설득의 심리학』에서 로버트 치알디니는 우리가 들꽃 한 송이처럼 하찮게 보이는 것을 받더라도 화답하고 싶은 욕구를 얼마나 강하게 느끼는지 훌륭하게 보여주었다. 시작부터 무료인 무언가를 제안하면 내가 무심한 것처럼(즉 찾는 사람이 많은 것처럼) 보인다. 그리고 잠재고객은 나에게 뭔가 살짝 빚진 것 같은 기분이 든다. 뿐만 아니라 무료 옵션이 있으면 괜히 시간만 낭비하게 만드는 사람들을 일찌감치 걸러낼 수 있다. 즉각 무료 옵션에 달려드는 사람이라면 유료로 무언가를 할 생각은 애초에 없었던 사람이다.

마무리 시도를 하면서 다음으로 내가 하는 말은 다음과 같다. "아니면 제가 만든 아카데미를 소개해드릴 수도 있어요. 아카데미에서 학습하면서 생각이 비슷한 분들과 그룹을 이뤄 공부하는 거지요. 그렇지 않고 저와 직접 협업을 하신다면 어떤 식으로 진행되는지 설명드릴 수도 있고. 끌리는 쪽이 있으신가요?"

나는 "이 중에 어느 선택지를 구매하고 싶으세요?"라고 묻지 않는다. 내가 묻는 것은 "이 중에 어느 선택지를 더 알아보고 싶으세요?"이다.

내가 뭘 팔았으면 좋겠는지 상대가 나에게 알려주는 셈이다.

8장

질문하지 않고 물어보는 법

7단계 이미 판 것처럼 팔아라

낙천주의라는 신념이 성취를 이끈다.
희망과 자신감 없이 되는 일은
아무것도 없다.

- 헬렌 켈러

The Introvert's Edge

멜버른에서 트로이라는 남자를 코칭한 적이 있었다. 그는 부동산업체들이 빈집을 꾸밀 수 있게 가구를 대여해주는 일을 했다. 사람들은 거실에 소파나 그림이 있고 침실에 침대와 서랍장이 있을 경우 그 집을 구매할 확률이 더 높았다. 사람들이 구매하려는 건 빈껍데기가 아니라 그런 비전이기 때문이다. 사람들은 단순한 '집'이 아니라 '단란한 가정'을 보고 싶어했다. 또한 이는 낡은 가구가 비치된 오래된 부동산에도 도움이 됐다. 신상 가구를 몇 달 빌려서 비치해놓으면 구매자와 실랑이를 덜 해도 되고 집도 더 빨리 팔 수 있었다. 마치 냄새가 솔솔 나는 쿠키를 굽는 수법과 비슷했다. 이 책에서 내내 이야기했듯이 우리의 욕망은 합리적이지 않다. 우리는 그냥 내가 원하는 것을 합리화할 방법을 찾는다.

그런데 트로이는 집주인들로부터 대금을 회수하는 데 문제가 있었다. 트로이는 매달 말에 대여료를 청구했는데, 마지막 달이 되면 집주인들에겐 대금을 지불할 동기가 부족했다. 왜냐하면 이미 집은 팔렸고, 트로이는 가구를 치웠기 때문이다. 심지어 어떤 집주인들은 8주 계약으로 가구를 빌린 뒤 추가 비용은 상관없으니, 1~2주 더 비치하겠다고 했다가 지급 기일이 되면 태도가 돌변해 전화를 받지 않고 곧장 음성 사서함으로 넘겨버렸다. 이런 일이 계속 반복되다보니 트로이는 아예 계약의 마지막 달은 으레 돈이 들어오지 않으려니 생각하게 됐다. 골치가 아팠다.

나는 이렇게 말했다. "그냥 선급으로 비용을 받지 그러세요? 설치 전에 대여료를 청구하시면 매달 초에 대금을 회수할 수 있잖아요. 가구를 수거해올 때는 이미 대여료를 받은 것들일 테고요."

그가 말했다. "우리 업계에서는 아무도 그렇게 하지 않아요. 가구를 배달하기도 전에 요금을 청구한다면 아무도 저희 회사를 이용하지 않을 거예요."

"정말요? 언제 그렇게 결정하셨는데요?"

그는 얼굴을 찡그렸다. "제 말은, 제가 정한 게 아니라…… 늘 그래왔거든요."

"그러면 다른 누가 알려준 건가요? 아니면 그냥 그렇게 짐작하신 건가요? 그리고 집주인들이 과연 그걸 알 방법이 있을까요? 고객 거의 대부분이 주택 판매를 위한 가구 대여는 처음이라고 하시지 않았나요?"

내가 잘난 척을 하려 했던 게 아니다. 나는 그저 우리가 살면서 무언가는 당연히 어떤 식이어야 한다고 가정해버리는 경우가 너무 많다는 걸 알았을 뿐이다. 우리는 내가 검증해보지도 않은 규칙에 따라 사느라 인생을 낭비한다. 시험해보지 않고서 되는지, 안 되는지 누가 안단 말인가? '업계에서 쓰는 방법'이 아니라고 한들 고객이 그걸 알까? 여러분의 사업이라면 규칙을 정하는 사람도 여러분이다.

내가 오스틴에서 처음으로 중소기업 박람회를 기획했을 때 사람들은 이런 종류의 행사를 특히나 처음 개최한다면 후원사를 확보하는 데에 8개월에서 12개월은 걸린다고 했다. 하지만 내가 캐피털원, 고대디, 페이스북, 오스틴시, WP엔진의 후원을 확보하는 데 걸린 시간은 90일이었다. 사람들이 "늘 그래왔다"라고 해도 나는 그 말에 별로 무게를 두지 않는다.

트로이의 반박이 좀더 이어졌고 나는 결국 이렇게 말했다. "저기, 그냥 제 부탁을 한번 들어주신다 생각하고 해보세요. 앞으로 2주 동안 가격을 논의할 때는 이런 말로 시작하세요. '그래서 저희가 가구를 설치하려면 표준 가격은 한 달 치 선불입니다. 지불 방식을 어떻게 하는 게 가장 편하실까요? 신용카드가 좋으실까요, 수표가 좋으실까요?' 만약 카드라고 하면 이렇게 말하세요.

'좋습니다. 어느 카드사이실까요?' 수표라고 하면 이렇게 말하는 거예요. '좋네요. 지금 가져오실 수 있을까요?' 일단 시도해보시고, 어떻게 되는지 한번 지켜보세요. 아니, 다음번 상담을 가실 때 제가 동행해보면 어떨까요?"

일주일 후에 우리는 트로이의 차로 잠재고객의 집을 방문했다. 트로이는 나를 '견습생'으로 소개하고, 평소에 하던 대로 설명을 이어갔다. 나는 가끔 맞장구를 쳤을 뿐 영업은 오롯이 트로이 혼자서 했다. 내가 함께 간 이유는 오직 결제 방식 의논을 도와주기 위해서였다.

나는 집주인이 트레이의 설명에 충분히 만족하고 있다고 느껴질 때까지 기다렸다가, 그의 온도를 재기 위해 이렇게 말했다. "좋네요. 그러면 가구를 주중에 설치하는 게 편하실까요, 주말이 편하실까요? 주말이요? 알겠습니다."

여기까지가 마무리 시도였다. 시작 날짜를 일러주었다는 것은 구매할 준비가 되었다는 신호였다. 이걸 확인한 나는 가격을 제시할 때임을 알았다.

"그러면 모든 가구 렌털은 월 단위로 계약하는 게 업계 표준이에요. 약간의 설치 비용이 있고요. 그러면 고객님의 경우에는 월 X달러에 설치 비용은 Y달러가 될 겁니다. 저희는 한 달 치 선급이 표준인데요, 지급을 담보하기 위해 고객님의 운전면허번호가 필요합니다. 운전면허가 있으신가요? 잘됐네요. 지금 좀 보여주실 수 있을까요?"

구매자가 지갑을 가지러 간 사이 나는 서류를 꺼내 계약서를 쓰기 시작했다. 구매자가 돌아왔을 때 나는 서류를 작성중이었고 우리는 그대로 계약을 진행했다.

"네, 그러면 지불 방식을 어떻게 하는 게 가장 편하실까요? 신용카드가 좋으실까요, 수표가 좋으실까요?"

구매자가 수표책을 꺼내자마자 나는 이렇게 말했다. "그러면 첫 달 치 대여료와 설치비를 합해서 2500달러가 되겠습니다." 수표를 받은 나는 다음달부터는 신용카드를 사용하는 편이 더 편할지도 모른다고 제안했다. 수표를 우편으로 보내면 불안할 수 있으니 말이다. 나는 그렇게 되면 우리가 신용카드 수수료를 내야 하지만, 고객님의 삶이 조금이라도 편해진다면 얼마든지 그 정도 비용은 물겠다고 농담을 했다. 구매자는 웃음을 터뜨리며 신용카드 정보를 알려주었다. 우리는 악수를 하고 그곳을 나왔다.

건물을 빠져나오며 트로이는 나를 보고 이렇게 말했다. "방금 우리가 선불을 받은 거죠? 구매자가 놀란 표정조차 짓지 않네요. 그냥 그게 정상인 것처럼 말이에요."

내가 말했다. "왜냐하면 우리가 그게 정상인 것처럼 행동했으니까요. 그걸 우리 '표준'이라고 했잖아요. 저는 우리가 왜 그렇게 하는지 애써 설명하려고 하지도 않았고, 전혀 그쪽으로 관심이 집중되게 하지 않았어요. 구매자가 주말 설치가 좋다고 했을 때 무의식적으로 상대는 이미 구매 결정을 내린 거죠. 나머지는 그냥 사소한 세부 사항이에요. 제가 지급 방식을 물었을 때는 이미 다 지나간 일에 대한 뒤처리 수준이었죠.

만약에 구매자가 '잠시만요. 아직 마음의 결정을 내릴 준비가 안 됐어요'라고 말했다면 저는 그냥 이렇게 말하면 되죠. '아, 아니에요. 그 뜻이 아니에요. 제가 여쭤본 건 저희도 직원들 스케줄을 확인해야 해서 그냥 정보를 미리 다 적어두는 거예요. 나중에 시간을 절약하려고요. 이전에 고객님 같은 경우가 한번 있었는데……'라고 하면서 곧장 기존 고객의 성공 스토리로 직행하는 거죠."

우리는 그냥 계약이 성사됐다고 가정했고…… 그 가정은 옳았다.

가격을 일찍 언급해서 좋을 것은 하나도 없다

"저기, 그냥 가격을 좀 알고 싶은데요."

혹시 첫마디가 이렇게 시작하는 잠재고객의 전화를 받아본 적이 있는가? 나는 비즈니스 코칭의 가격이 얼마인지부터 물어보는 이메일을 받아본 적이 있다. 하지만 잠재고객이 여러분의 가치를 이해하기 전에는 가격에 관한 효과적인 논의가 불가능하다.

그렇기 때문에 가격을 가장 마지막에 이야기하는 것이다.

신뢰를 구축하고, 필요한 질문을 하고, 스토리를 들려주고, 반론을 받아넘기는 과정을 모두 끝낸 후에야 얼마를 청구할지 상대에게 공개할 수 있다. 트로이의 고객의 경우에도 나는 그의 온도가 몇 도인지 측정하고 그가 트로이의 상품을 원한다는 것을 확인한 후에야 가격을 제시했다.

만약 여러분이 아직 가격을 논의할 준비가 되지 않은 시점에 (미팅의 초반부이든, 어젠다를 설명하는 중간이든, 혹은 스토리를 들려주는 중이든) 언제라도 고객이 가격이나 비용을 물어온다면 여러분은 그냥 이렇게 말하면 된다. "○○ 씨, 저희가 틀림없이 그 얘기도 할 텐데, 지금 단계에서는 정확히 어떤 게 고객님에게 효과가 있을지를 이해하고 고객님의 니즈에 딱 들어맞는 솔루션을 맞춤식으로 짜는 단계를 먼저 거쳐야 할 것 같습니다. 가격은 잠시 후에 다시 논의하겠습니다. 하지만 그전에 몇 가지 질문을 더 드려도 괜찮겠습니까? 좋습니다." 그런 다음 다시 여러분의 대본으로 돌아가면 된다.

아니면 이렇게 말하는 방법도 있다. "이 제품/서비스가 ○○님의 경우에 어떻게 효과가 있었는지 먼저 설명을 끝내도 괜찮을까요? 그래야 제가 제안드릴 내용이 고객님에게 100퍼센트 맞을지 알 수 있을 것 같아서요. 다행이네요." 그런 다음 다시 대본으로 돌아간다.

앞서 2장에서 말했듯이 여러분의 어젠다를 전달할 때는 언제 가격을 논의할 것인지도 반드시 이야기하라. 그러면 폴러드 인스티튜트 사례에서 본 것처럼 여러분이 전문가라는 사실을 잠재고객이 확신할 수 있고 따라서 중간에 끼어들 가능성이 훨씬 줄어든다.

마지막 순간까지 가격에 대한 논의는 미뤄야 하는 이유가 뭘까?

시작부터 가격을 이야기하면 여러분이 제시하는 상품의 모든 사양과 이점이 자동적으로 그 가격을 기준으로 판단된다. '이게 그 가격을 낼 가치가 있나? 아닌 것 같아.' 이렇게 되면 여러분은 잠재고객의 감정에 호소하는 게 아니라 어쩔 수 없이 논리적 사고와 씨름해야 하는 입장에 스스로를 위치시키는 꼴이 된다.

반면에 가격을 맨 마지막에 이야기하면 여러분은 누적 효과의 이점을 누릴 수 있다. 가격을 너무 일찍 언급하면 한 가지 특정 사양이나 이점에 의존해서 전세를 역전시켜야 하지만, 여러 가지 사양이나 이점이 누적된 다음에 가격을 언급하면 잠재고객의 머릿속에서 생각의 흐름은 이렇게 변한다. '이 모든 걸 저 가격에 얻을 수 있는 거야? 말도 안 되게 싼걸!'

잠재고객에게 필요한 게 정확히 무엇인지 알기도 전에 견적을 이야기한다는 것은 움직이는 타깃을 쫓는 것이나 다름없다. 만약에 상대가 여러분의 표준 가격이나 여러분이 예상한 것보다 더 큰 비용이 드는 어떤 것을 필요로 한다고 생각해보라. 여러분은 이미 언급한 가격을 올려야 한다. 그런데 상대는 여러분이 속임수를 쓴다고 생각할 것이다. 아까는 X의 비용이 든다고 하더니 이제는 Y를 들먹인다고 말이다.

가격을 일찍 언급해서 좋을 것은 하나도 없다.

그러면 이제 방안에 있는 코끼리를 해결해보자. 가격이 중요하다는 것을 모르는 사람은 없다. 그렇지 않은가? 틀렸다! 가격이 중요한 것은 오직 여러분이 그렇게 만들었을 때뿐이다. 여러분은 조금 전에 내가 트로이의 사례에서 가격을 어떤 식으로 논의했는지 읽었다. 내가 가격을 설명하는 데에 얼마나 적은 시간을 썼는지 자세히 보라. 나는 마치 용달 트럭의 색깔을 이야기하는 사람처럼, 전혀 중요하지 않은 내용을 이야기하는 사람처럼 행동했다. 내가 사용한 용어 역시 다소 무심하게 들리는 표현들이었다.

필요 이상으로 가격에 주목하게 만든다면 그게 마치 큰돈 같은 느낌을 줄 것이다. 여러분의 어조나 행동 때문에 상대는 이렇게 생각할지도 모른다. '흠, 어쩌면 달려들기 전에 이 부분을 좀 생각해봐야겠어.'

가격을 제시할 때는 다른 것들에 관해 이야기할 때와 똑같이 이야기하라. 물론 가격에 대해 무덤덤하기는 거의 불가능하다는 것을 나도 잘 안다. 실은 가격에 대한 접근법과 이 책에 관해 이야기를 나누다가 누군가 내게 말하기를 가격 정책과 가격을 제시하는 방법에 관해서만도 내가 챕터 하나를(어쩌면 책 한 권을!) 쓸 수 있을 거라고 했다.

그것도 가능하지만 사실 대단할 것은 없다. 여러분이 정한 가격이 여러분의 가격이다. 알려주고 다음으로 넘어가라.

여러분이 요구하는 돈이 큰돈이라는 생각을 도저히 떨치지 못하겠다면 그 숫자에 대해 둔감해지도록 노력해야 한다. 한 예로 나의 지인 중에 부유하지 않은 동네에서 가라테 도장을 운영하는 이가 있었다. 그는 동네 고등학생들을 방문판매원으로 고용해서 일 년 학원비가 3500달러인 수업을 판매했다.

여러분의 고등학생 시절을 돌이켜보라. 여러분이 언제 고등학교를 졸업했든 3500달러는 큰돈이다. 아르바이트생들은 수업 내용이나 그 가치, 수업 구조 등에 관해서는 학부모들에게 놀라울 만큼 설명을 잘했다. 그러나 가격 부분을 이야기할 순서가 되면 말을 더듬거리다시피 했다. 나의 지인은 그 금액이 고등학생들에게는 너무 큰돈이어서 지레 겁을 먹는다는 사실을 깨달았다.

지인은 학생들이 이 숫자에 둔감해지게 만들기로 했다. 그는 일을 시작하기 전에 학생들에게 서로 숫자를 말하는 연습을 시켰다. '3천5백 달러three thousand, five hundred'라고 말하지 않고 반드시 '35백 달러thirty-five hundred'(영어로는 3500을 35×100처럼 표현하는 것도 가능하다—옮긴이)라고 말하게 했다.

- ✦ "35백 달러짜리 베개예요……"
- ✦ "35백 달러짜리 깃털이에요……"
- ✦ "35백 달러짜리 기린이에요……"

학생들은 가격이 아무 느낌이 나지 않을 때까지 이 말들을 연습하고 또 했다. 3500은 그냥 숫자에 불과했다. 일주일 정도 매일 이렇게 하자 놀라운 변화가 나타났다. 학생들의 입에서는 '35백 달러'라는 가격표가 술술 흘러나왔고 매출은 급증했다.

- ✦ 가격이 15000달러라면 이렇게 연습하라. "15K예요. 15K 예요. 15K예요."(영어권에서 K는 1000을 가리키는 보편적인 약어로 쓰인다—옮긴이)
- ✦ 지급 방식이 있다면 그것도 연습하라. "12와 1/2K네요. 선불로 7500달러, 2500달러씩 두 달이면 끝나겠네요."
- ✦ 8400달러를 청구한다면 이렇게 말하라. "84백 달러니까 매달 21백 달러씩 4달이네요."

가격이 아무 느낌이 나지 않을 때까지 계속 연습하라.

영업은 쉽게 깨지지 않는다

────

지그 지글러나 브라이언 트레이시를 비롯한 영업의 달인들은 집요함을 철칙으로 삼았다. "일곱 번은 거절당해야 승낙을 받는다"와 같은 말은 고객이 마침내 항복할 때까지 계속해서 부탁하고, 쫓아다니고, 조르라고 이야기한다.

얼굴 두꺼운 외향적인 사람들은 상대가 마침내 지칠 때까지 쫓아다니는 게 어렵지 않을지 몰라도, 우리처럼 내향적인 사람들에게 그건 대부분 도저히 '나'라는 사람과는 맞지 않는 일이다.

가가호호 방문하며 오즈컴의 상품을 판매할 때 나는 20달러의 커미션을 벌기 위해 상점 한 곳을 대여섯 번씩 방문할 여력이 되지 않았다. 기름값에 주차비까지 고려하면 도저히 수지 타산을 맞출 수 없었다.

통신 상품 중개업체를 내가 직접 차렸을 때도 판매 수수료는 고작 200달러 정도에 불과했다. 우리 사무실의 영업사원이 하루 네다섯 개의 약속을 잡고, 약속 다섯 건이 있어야 판매를 성공할 수 있다고 했을 때, 그들이 고객 두 명 중 한 명과 계약을 성사시키는 놀라운 성공률을 가졌다고 해도 기껏해야 일주일에 500달러였다.

우리 사무실에 그랜트라는 영업사원이 있었다. 그는 라포르를 형성하는 데는 놀라운 능력이 있어서 고객들이 매우 좋아했다.

하지만 그랜트는 첫번째 미팅에서 판매에 성공하는 경우가 결코 없었다. 한 번도 없었다. 그랜트는 다시 찾아가고, 다시 찾아가고, 다시 갔다. 그랜트가 마침내 판매에 성공했을 경우, 일부는 초대형 계약이긴 했지만, 거기까지 이르는 데에 시간이 너무 오래 걸렸다.

내가 말했다. "그랜트, 계약을 좀더 빨리 마무리하지 그래요? 이렇게 대형 계약을 성사시킬 수 있으시잖아요. 커미션 1000달러짜리를 판매하는 데 왜 약속을 다섯 번이나 잡으시는 거예요?"

그가 말했다. "매슈, 제 관점에서는 미팅 다섯 번에 평균 1000달러어치를 판다면 미팅 한 번에 200달러를 버는 셈이에요. 어차피 금액은 같고, 저는 강압적이라고 느낄 필요가 없는 거죠."

"그렇지만 한 번에 1000달러어치를 팔면 더 좋지 않아요? 그런 다음에 다시 네 번을 찾아가는 게 아니라 각각 다른 고객들에게 1000달러씩 팔면 되잖아요? 다섯 번을 방문하면 매번 1000달러씩 버는 게 좋지 않아요? 한 번에 200달러보다는?"

당연한 말이었으나 그랜트는 강압적인 영업사원에 대해 그가 가지고 있는 이미지를 극복하지 못했고, 상대가 자신을 그런 사람으로 여길 경우 판매를 놓칠까 두려워했다. 그는 각각의 잠재 계약을 마치 유리잔처럼 다뤘다. 조심하지 않으면 깨질 것처럼 말이다.

그러나 정작 그는 강압적으로 될 필요가 없었다. 나는 그나 나처럼 내향적인 사람들을 위한 영업 대본을 만들었다. 그 대본을 보면 그는 그냥 이렇게 말하면 됐다. "네, 그러면 가입 자격이 되시는지 확인을 해야 하는데요. 사업자등록증이 있으신가요? 잘 됐네요. 지금 좀 가져다주시겠어요? 좋습니다."

사업자등록증을 손에 들고 있는 사람은 거의 없기 때문에 잠재고객은 자리에서 일어나 다른 곳에 가서 등록증을 가지고 와야 했다. 이렇게 조금만 쿡 찔러주어도 상대가 결정을 내리는 데 충분한 경우가 많았다. 상대가 돌아오면 나는(혹은 누가 되었든 대본을 따르고 있는 사람은) 서류에 내용을 기입하며 절차를 진행하고 있을 것이다.

이는 마치 뉴턴의 운동 제1법칙의 인간 사회 버전이나 마찬가지다. 외부에서 힘이 작용할 때까지 물체는 가만히 있거나 계속 움직이고 있을 것이다. 누군가 자리에서 일어난다는 행동 자체가 이미 판매가 진행되고 있다는 뜻이다. 무언가가 움직이고 있을 때 계속해서 움직이게 하는 것은 일부러 그걸 멈추게 하는 것보다 오히려 더 쉬운 일이다.

효과가 있었다. 내가 세운 중개업체에서는 모두가 이 방법을 사용했다(의무 사항이었다. 우리 영업팀에 들어오면 누가 되었든, 성격이 어떻든, 내가 만든 이 대본을 암기해야 했다. 효과가 있고 꾸준한 결과가 나온다는 사실을 내가 알고 있었기 때문이다). 그런데 왜 그랜트는 그게 그토록 어려웠을까?

사업자등록증을 부탁해야 할 때…… 바로 그 순간에 그랜트는 멈추었다. 내가 그랜트에게 그게 왜 강압적으로 느껴지냐고 물었더니 그는 이렇게 말했다. "그냥…… 판매를 놓칠까봐 걱정이 돼요. 사업자등록증을 요청하는 게 정직하지 못하다는 느낌이 들고, 상대도 그걸 간파할 것 같아요."

"알았어요, 그랜트. 그러면 이렇게 한번 해보세요. 첫째, 영업을 유리가 아니라 돌멩이처럼 다루세요. 깨지지 않아요. 둘째, 고객 한 명당 너무 많은 시간을 쓰시니까 한 번에 진행중인 고객이 몇 명 안 되는 거예요. 그래서 그중 한 명이라도 잃을까봐 걱정을 하시는 거고요. 왜냐하면 그 한 명이 당신이 받을 수 있는 커미션의 아주 큰 부분을 차지하니까요. 셋째, 이제부터는 규칙을 새로 정할 거예요. 고객이 계약을 하지 않으면 당신은 이제 되돌아갈 수 없어요. 그리고 현재 가지고 있는 잠재고객들도 딱 한 번씩만 더 미팅을 하실 수 있어요."

그가 말했다. "네? 무슨 말씀이세요?"

"상대가 당일에 계약하지 않으면 다시는 못 가신다고요. 상대가 다음날 전화를 해서 마음이 바뀌었으니 우리 상품을 몽땅 다 구매하겠다고 해도 상관없어요. 다시 가실 수 없어요."

그랜트가 말했다. "저한테는 그게 돈이에요, 매슈. 그럴 수는 없어요."

여기서 잠깐, 여러분이 이 모든 것의 활용법을 배우려고 할 때

염두에 두어야 할 가장 기본적인 사항을 하나 짚고 넘어가자. 바로 '더 나아지려면 더 못한 결과를 받아들일 위험도 기꺼이 감수할 수 있어야 한다'는 것이다. 지금 하는 방식 그대로 한다면 대단한 결과를 얻지는 못할 수도 있지만 적어도 기분은 편안할 것이고 결과의 기복은 적을 것이다.

무언가를 바꾸기 시작하면 내가 지금 하는 게 어떤 결과를 가져올지 알 수 없다. 그러면 마음이 편치 않을 것이다. 마치 자동 변속 차량에서 수동 변속 차량으로 바꿀 때처럼 말이다. 나중에 가면 자동차를 훨씬 더 잘 다룰 수 있게 되겠지만 당분간은 버벅댈 것이다. 나도 처음 스키를 배울 때 어색하게만 느껴졌다(서로 다른 방향으로 가려고 하는 막대기 두 개 위에 올라서서 비탈 아래로 몸을 던진다는 것은…… 이렇게 글로만 쓰면 거의 미친 소리처럼 들린다). 하지만 일단 배우고 나니 스키는 정말 즐거웠다. 뭔가를 바꾸지 않으면 더 좋아질 수가 없다.

나는 이렇게 말했다. "저를 믿어주셔야 해요. 분명히 그만한 보상을 받으실 거예요. 손해를 보는 게 아니고요. 제 말씀은, 고객들이 당신을 좋아하긴 하지만 결국 그들은 구매를 하든지 아니면 다른 사람을 택해야 해요. 현실을 직시하자고요. 그 사람들은 일을 하려고 직장에 나온 거지, 당신이랑 노닥거리려고 거기 있는 게 아니에요.

그냥 딱 일주일만 실험이라고 치자고요. 결과는 남들만큼 팔거나 아니면 훨씬 더 많이 파는 것일 수도 있는데, 일주일만 한 번 실험을 해보시겠어요?"

그랜트는 고개를 끄덕였다.

"반드시 더 강압적으로 되어야 하는 건 아니에요. 당신한테 어떤 차이가 있을지는 저도 잘 모르겠어요. 판매에 성공하지 못하겠다 싶어서 당신이 무심해질지도 몰라요. 어쨌거나 당신이 만난 대부분의 사람은 첫 미팅에 계약을 하지는 않았으니까요. 그래서 절박한 느낌이 없어지면 오히려 잠재고객은 당신이 느긋하다고 느낄 수도 있고요.

반대로 제대로 해낼 수 있는 기회가 한 번뿐이라는 사실을 알면 오히려 고객이 정말로 원하는 게 뭔지 더 잘 알아내고 상품의 사양을 고객을 위한 이점으로 풀어서 설명하는 작업을 더 잘해낼지도 몰라요. 알 수 없죠. 하지만 이것 하나는 분명해요. 강압적이 되어야만 판매를 성사시킬 수 있다면 잘못하고 있는 거예요."

우리는 그랜트가 '자격 요건에 해당하시는지 확인을 해야 한다'는 대목을 정확히 말할 수 있을 때까지 영업팀의 대본을 계속해서 연습했다. 그렇게 미팅에 나간 그랜트는 약속 장소를 방문할 때마다 한 번의 미팅에 거의 모든 계약을 성사시켰다. 그런 다음 그는 대형 잠재고객에게 다시 연락을 해서 다시 한번 설명을 해도 될지 물었다. 그랜트는 그들을 마치 처음 만난 고객처럼 대했다. 빵! 커미션 1만 달러짜리 계약 성사! 그랜트는 그달에 그 어느 영업사원보다 많은 돈을 벌었고 6개월 연속 그런 성공을 이어갔다.

우리 팀처럼 시스템에 의존하는 영업팀은 한 명이 계속해서 큰 실적을 낸다면, 그 사람이 어떻게 하는지 알아내서 다 같이 따라 해야 한다. 또, 그랜트처럼 실적이 떨어진다면 뭐가 잘못되었는지 알아내서 고쳐야 한다.

그 한 가지 변화를 통해 그랜트는 바닥권에서 상위권으로 올라갔다. 작은 상점의 주인에게 휴대전화 상품 하나를 파는 계약이든, 기업의 CEO에게 20~30개의 휴대전화 상품을 파는 복잡한 계약이든 그랜트에게는 차이가 없었다. 어느 쪽이든 그는 미팅부터 계약서 서명까지 전체 계약을 하루 만에 성사시켰다.

(이는 유독 그랜트만 겪는 일은 아니다. 내 고객 중에는 한 번에 1만 달러어치 수업을 팔고 2만 5000달러어치 제품을 파는 사람들도 있다. 현재 내가 코칭을 하고 있는 서비스 분야 개인사업가 중에서 최고 기록은 한 번에 7만 5000달러짜리 계약을 성사시킨 것인데, 한 번도 만나본 적 없는 사람에게서 예정에 없이 걸려온 전화통화 30분 만에 이뤄낸 성과였다. 그는 이런 일을 여러 번 겪었다.)

핑계 대신 대안을 찾아라

━━━━

잠재고객에게 후속 연락을 해서는 안 된다는 이야기가 아니다. 내가 그랜트에게 세워준 것과 같은 규칙을 반드시 도입할 필요는 없다(그랜트에게는 분명히 성공을 가져다준 실험이었지만). 그러나 이 점만은 깨달았으면 좋겠다. 한 번의 전화통화로 수만 달러어치의 제품과 서비스를 파는 것은 가능한 일일 뿐만 아니라 정상적인 일이다. 여러분이 첫번째 미팅에서 계약을 성사시키지 못한다면 여러분 다음에 나타난 누군가가 여러분이 다음번 기회를 가져보기도 전에 그 계약을 가져갈 수도 있다.

내가 속한 업계, 제품, 시장은 다르다고 핑계 대지 마라. 내가 캐피털원으로부터 중소기업 박람회 후원금 수만 달러를 확보한 것도 단 한 번의 미팅에서 이룬 성과였다. 또 어느 미팅에서는 100명에게 국가 승인 교육 프로그램을 판매한 적도 있다. 물론 서류 작업은 할 게 많았다. 하지만 '이 사람 누구야?'를 '그래, 우리 직원들 몽땅 이 수업 듣게 해야겠어'로 바꿔놓는 데는 한 번의 미팅이면 족했다.

서류 작업 이야기가 나왔으니 말인데, 그것 역시 핑계로 삼지 마라. 통신 상품을 판매할 때 한번은 내가 주유소에 들어갔는데 그곳 사장이 마침 40개의 다른 주유소를 소유한 사람이었다. 나는 그가 소유한 지점 전체에 사용할 통신 상품을 팔았다. 그가 말했다. "네, 알겠어요. 그러면 서류를 몽땅 작성해서 가져오세요."

나는 이렇게 대답했다. "테이블이 있을까요? 지금 바로 작성할 수 있는데요."

그는 잠시 놀란 듯했지만 곧 이렇게 말했다. "식당에 아마 테이블이 있을 거예요."

"잘됐네요!"

나는 주유소 식당에 있는 테이블 한쪽에 앉아서 세 시간 동안 40개 지점에 대한 서류를 작성했다. 작업이 끝난 나는 그의 사무실로 쳐들어갔고 우리는 웃음을 터뜨렸다. 그게 내가 오즈컴에서 성사시킨 가장 큰 계약 중 하나였다. 내가 그 자리를 떠났다면, 그는 마음을 바꿨을 수도 있다. 하지만 내가 그 많은 서류를 작성하느라 고생하는 것을 지켜본 그는 "그럽시다!"라고 말할 수밖에 없었다.

여러분이 아직까지 한 번의 미팅에서 계약을 마무리할 수 있는 방법을 찾지 못했을 수도 있다. 하지만 그렇다고 해서 방법 자체가 없다는 뜻은 아니다. 다시 한번 말하지만 더 강압적으로 밀어붙일 필요는 없다. 공격적으로 될 필요도 없다. 당신답지 못한 일을 해야 할 필요도 없다. 그저 여러분에게 자연스럽게 느껴지는 방법을 찾을 때까지 실험을 계속하기만 하면 된다. 프로세스를 신뢰하고, 계약이 이미 성사된 것처럼 이야기하라. 분명히 방법이 나타날 것이다.

하지만 그러지 않는다면 어떻게 해야 할까?

9장

영업에는
끝이 없다

당신이 두려워해야 할 경쟁자는
당신은 안중에도 없이
묵묵히 자기 사업을
개선하고 있는 사람이다.
- 헨리 포드

The Introvert's Edge

많은 사람이 헨리 포드가 자동차를 발명한 줄 안다. 물론 아니다. 자동차가 발명되고 거의 이십 년이 지나서야 헨리 포드는 포드자동차를 설립했다. 헨리 포드의 천재성은 그가 만든 조립라인에 있다.

그런데 이 조립라인이라는 것도 헨리 포드의 발명품은 아니다. (중세에 대장장이나 목수가 제품 하나를 통으로 만들었던 것과는 달리) 제품을 부품으로 분해하고 한 사람이 그 한 부분만 특화해서 만드는 방식은 영국에서 이미 산업혁명의 시발점이 됐다.

사실 역사가들 중에는 전함 한 채를 단 하루 만에 만들 수 있었던 1104년 베니스의 무기 공장을 최초의 산업형 '조립라인'으로 볼 수 있다고 지적하는 사람들도 있다. 이는 포드의 모델 T

첫 제품이 세상에 나오기 약 팔백 년 전의 일이다.

그렇다면 헨리 포드를 역사상 가장 위대한 기업가 중 한 명이라고 하는 이유는 뭘까? 그는 어떻게 수십 개의, 어쩌면 수백 개의 다른 자동차 제조사를 물리치고 그처럼 거대한 회사를 일구었을까? 어떻게 그는 아직까지도 현대사에서 가장 부유했던 인물 10인 중에 한 명으로 남아있을까?

그의 비결이 궁금한가? 헨리 포드는 쉼없이 자신의 프로세스를 개선했다.

여기서 30초를 단축하고 저기서 2분을 단축하는 식으로 제조 공정의 모든 측면을 끝없이 손보았다. 그가 취한 모든 조치는 효율성을 위한 것이었다. 그러고도 더 큰 효율성을 달성하기 위해 해체하고 재조립했다. 그는 모든 순간과 모든 움직임이 완벽해질 때까지 프로세스를 개선했다.

사실 캐스트롤의 직원이었던 내 아버지는 포드자동차의 한 공장에서 일했다. 2000년대 초까지도 포드자동차는 조립라인의 직원들이 각 작업마다 정확히 필요한 수의 볼트를 들통에서 꺼낼 수 있게 훈련시켰다. 볼트를 가지러 왔다갔다하느라 귀중한 몇 초를 낭비하지 않기 위해서였다.

만약 영업자들에게 본인의 영업 접근법 그대로 자동차를 만들라고 한다면, 대부분의 영업자가 이렇게 말할 것이다. "저기, 그냥 이 기계들을 몽땅 저쪽 방에 넣고, 어디든 들어가기만 하면 되니까, 한 대씩 되는 대로 만들어보자고."

그들은 미팅을 갖든, 전화를 받든, 사람들을 만나러 행사에 참석하든, 그냥 즉흥적으로 되는 대로 할 것이다. 어쩌면 자기 나름의 프로세스를 뒤죽박죽 하나 만들어서 겨우 버틸 수 있는 수준의 결과물을 내놓고 있을지도 모른다. 그러고는 이런 태도를 취할 것이다. "이게 내가 할 수 있는 최선이야. 고장난 게 아니면 고칠 필요 없잖아."

만약 헨리 포드가 이런 태도를 갖고 있었다면 우리는 아마 그의 이름조차 알지 못할 것이다. 그는 자동차 산업 연대기의 작은 각주 하나로 남았을 것이다. 하지만 프로세스와 효율성에 (어쩌면 집착이라고 할 정도로) 초점을 맞춘 덕분에 헨리 포드는 계속해서 조금씩 더 좋아졌다.

몇 가지를 바꾸면 당신은 몇 센티미터가 아니라 몇 킬로미터를 남보다 앞서나갈지도 모른다. 내 경우에는 영업 프로세스를 있는 그대로, 하나의 거대한 조립라인으로 본 것이 바로 그런 도약의 기회였다. 판매에 스토리를 활용하는 방법과 제품이나 서비스의 사양을 구체적인 이점으로 바꿔 설명하는 방법을 터득하고, 제대로 된 질문을 하고, 계약이 이미 성사된 것처럼 말하는 법을 알아냄으로써 나는 사내 모든 영업사원을 제치고 판매왕이 되었다. 그때부터 나는 쉰 번의 미팅에서 한 번의 계약을 성사시키던 것을 스무 번 중에 한 번, 열 번 중에 한 번, 다섯 번 중에 한

번으로 줄여나갔다. 어떤 질문이 더 효과적이며 특정한 스토리는 어떤 식으로 이야기하는 게 최선인지, 이 상품이 왜 뛰어나고 상대의 문제를 어떻게 해결해줄 수 있는지 알아내면서 프로세스를 개선해나갔고, 차츰 네 번 중에 한 번, 세 번 중에 한 번, 어쩔 땐 열 번 중에 아홉 번의 계약을 성사시킬 수 있었다.

내가 이 책에서 제시한 여러 요소 중에서 그 어느 것도 내가 최초로 만든 것이라고 주장할 수는 없다. 앞서도 말했듯이 이것들은 열여덟 살 때 내가 유튜브를 보며 조합한 것들이다. 서점에 가보면 각각의 측면에 대해 얼마든지 많은 영업 관련 서적을 찾을 수 있을 것이다. '부단한 개선'이라는 개념도 내가 발명한 것이 아니다. 나는 그저 내향적인 사람들이 영업을 할 때도 이 개념이 효과가 있다는 사실을 알아냈을 뿐이다.

여러분이 이 책을 읽고 더 많은 고객을 유치할 수 있다면 좋은 일이다. 그렇다면 이 책을 읽은 게 시간 낭비는 아닐 것이다. 하지만 여러분이 지금 빠져 있는 그 구덩이를 헤쳐나왔을 때 거기서 그대로 멈춘다면 여러분은 이 책을 통해 누릴 수 있는 이점의 극히 일부밖에 활용하지 못하는 것이다. 단순히 판매 요령을 배우는 데서 멈추지 말고 계속해서 더 좋아지는 법을 터득하라.

"대본에 있는 그대로 하셨나요?"

여러분의 영업 시스템은 부단히 진화하고, 개선되고, 사업을 하는 동안 늘 관심의 중심이 되어야 한다. 영업 시스템을 등한시하는 순간 여러분은 다시 원점으로 되돌아갈 것이다.

여러분의 프로세스를 개선하는 첫 단계는 내가 실제로 프로세스를 사용하고 있는지 늘 확인하는 것이다. 우리 영업팀 직원들의 매출이 줄어들기 시작할 때 내가 가장 먼저 하는 질문은 이것이다. "대본에 있는 그대로 하셨나요?"

"아, 네. 당연하죠!"

"좋습니다. 그러면 저랑 같이 역할놀이를 한번 해봐요."

그러면 상대의 얼굴에서는 즉각 '아, 젠장!' 하는 표정이 나타난다. 그래서 역할놀이를 해보면 틀림없이 일부분은 엉망진창이고, 일부는 건너뛰고, 일부는 축약되어 있다.

그러면 나는 이렇게 말한다. "좋습니다. 집에 가서 오늘 저녁에 한번 읽어보세요. 그리고 내일은 정확히 대본대로 말씀하셔야 합니다."

그래서 그들이 다시 정확히 대본대로 말하기 시작하면 매출은 곧장 제자리로 돌아온다. 환경은 바뀐 게 없었다. 직원들이 시스템을 최적으로 사용하고 있지 않았을 뿐이다.

여러분도 이와 비슷한 작업을 해야 한다. 수화기를 내려놓을 때마다, 차로 돌아올 때마다, 카운터 뒤로 돌아갈 때마다, 방금 겪은 영업 경험을 평가해보라. 영업이 끝날 때까지, 주말이 될 때까지 기다리지 마라. 자신의 영업 방식을 반성하는 시점이 늦어질수록 작은 것들을 더 많이 놓치고 잊어버릴 것이다. 방금 일어난 일이 아직까지 마음에 생생할 때 그 상황을 분석하라.

먼저, 이번에 왜 성공하지 못했는지 핑계를 대지 마라.

- '어차피 안 살 사람이었어.'
- '내가 입을 열기도 전에 이미 결정이 내려져 있었어.'
- '이상적인 고객이 아냐.'
- '어차피 돈은 안 되고 골치만 썩일 사람들이었어.'
- '내가 오늘은 컨디션이 좋지 않았어.'
- '이맘때는 원래 그래.'
- '비 오는 날 누가 물건을 사.'
- '아마 돈이 없었겠지 뭐.'
- 내가 가장 좋아하는 핑계는 이거다. '그냥 운이 없는 날이었어.'

여러분이 대는 핑계가 사실일 수도 있다. 그리고 언제가 되어도 100이면 100, 모든 판매에 성공하지는 못할 것이다. 그러나 성공의 확률은 언제나 더 높일 수 있다. 여러분의 영업 프로세스가 개선될수록 다른 요인의 중요성은 점점 더 줄어들 것이다.

그러나 저렇게 외부 요인을 탓하는 태도는 절대로 도움이 되지 않는다. 저렇게 핑계를 대는 순간 여러분은 통제권을 포기하는 것이다. 내가 무슨 짓을 했어도 결과에 영향을 줄 수 없었을 거라고, 결과가 이미 정해진 운명이었다고 말하는 셈이다. 나에게는 상황을 변화시킬 힘이 없다고 무의식적으로 시인하는 셈이다.

반대로 한 건의 판매에 너무 연연하지도 마라. 스스로를 자책하며 자신이 형편없는 영업자라고 느끼지 마라. 어느 쪽이 되었든 극단에 치우치는 것은 해당 계약을 객관적으로 평가하는 데 도움이 되지 않는다.

그러니 다음과 같이 질문하라.

1.   내가 대본에 충실했는가?
2.   내가 더 잘할 수 있었던 부분은 무엇인가?
3.   내가 바꿔야 할 부분은 어디인가?

판매 기회를 한 건 놓칠 때마다 뭘 더 개선할 수 있을지에 대한 단서로 활용하라.

한 번에 하나씩

과학 실험을 할 때 과학자(화학자, 심리학자, 통계학자 등등)는 한 번에 하나의 변수에만 변화를 준다. 그렇지 않으면 결과를 바꾼 요인이 무엇인지 확신할 수 없기 때문이다. 의사가 여러분에게 다섯 가지 치료법을 썼다면 그중 어느 것 때문에 나았는지 어떻게 알겠는가? 다섯 가지 약을 먹고 알레르기가 생겼다면 어느 것이 알레르기를 유발했는지 어떻게 알겠는가?

영업에 성공하기 시작하면 분명히 흥분될 것이다. 뭘 또 바꿀 수 있을지 너무 많은 것들이 눈에 들어올 테고, 전부 다 바꿔보고 싶은 유혹을 느낄 것이다. 그러나 비교 가능한 기준점이 없이 한 번에 한 가지 이상의 변수를 바꾼다면, 내가 더 나아졌는지, 나의 프로세스가 개선됐는지 측정할 방법이 없다.

처음 자신의 영업 프로세스를 마련할 때는 모든 게 처음 시도하는 것들이다. 이때는 우선 큰 것들부터 바꾸어야 한다. 상대의 반론을 피해 갈 스토리를 도입하고 직업적 신뢰를 쌓을 방법을 찾아내야 한다.

조금씩 발전하고 프로세스가 안정되면 그때부터는 작은 것들을 바꾸어야 한다. 상대의 고충을 알아내려고 새로운 질문을 할 때 사용하는 언어라든지 특정한 스토리를 소개할 때의 자세한 방법 같은 것 말이다. 아무것도 효과가 없으면 기본 프로세스로 다시 돌아가서 기준점을 새롭게 설정한 다음, 다시 완벽을 향해 다듬어나가야 한다.

10장

당신도
할 수 있다

커튼 뒤에 있는 사람은 신경쓰지 마라.

- 라이먼 프랭크 바움, 『오즈의 마법사』

The Introvert's Edge

얼렌증후군에도 불구하고 자랑스럽게도 나는 각종 어워드에서 상을 받는 블로거가 됐다. 그러나 1500 단어로 된 훌륭한 블로그 포스트 하나를 작성하려면 시간도 오래 걸리고 그만큼 괴롭기도 하다.

나는 많은 사람들 앞에서 이야기해야 하는 내향적인 사람들을 위해 내가 만든 영업 시스템을 공유하고 싶었다. 그러려면 책을 써야 했다. 그러나 수만 단어 분량의 글을 쓰고, 이리저리 편집을 하고, 원고 상태로 여러 과정을 거치는 것은 생각만 해도 벌써 힘들어서 나는 몇 년을 고민했다.

그런데 느닷없이 해결책이 나타났다.

그 과정을 내가 설명할 수도 있지만 이미 데릭이 이 책을 집필하고 있는 만큼 데릭이 직접 이야기하는 편이 나을 듯하다.

비포 앤드 애프터

커튼 뒤에서 나오려니 기분이 좀 이상하다.

하지만 매슈의 관점에서 나에 관한 글을 대필하는 것도 이상할 것이다.

매슈의 다른 고객들에 관한 스토리를 글로 쓰는 것은 어렵지 않았다. 왜냐하면 나는 그들과 그 어떤 정서적 관계도 맺고 있지 않기 때문이다. 그런 스토리는 그냥 내가 한 번도 만나본 적이 없거나 그저 지나치면서 본 게 전부인 사람들에 관한 이야기에 불과했다.

하지만 내 스토리를 이야기해야 할 차례가 되면 감정과의 싸움이다. 이 글을 쓰고 있는 지금도 눈물이 차올라 왈칵 쏟아질 것만 같다.

매슈에게 연락할 당시 내가 어떤 상황이었는지 한마디로 표현하면, 나는 우울하고, 겁먹고, 어쩔 줄 몰라하고 있었다. 일 년이 넘게 대필할 새로운 고객을 구하지 못했고 다른 프로젝트는 이미 다 끝난 상황이었다. 저축해놓은 얼마 되지 않는 돈은 빠르게 줄어들고 있었고 눈에 보이는 잠재고객도 없었다.

말 그대로 암울한 상황이었다.

결혼을 하고 대부분의 기간 동안 우리집에서 생계를 책임진 사람은 아내였다. 나는 대학원을 다녔고 그다음에는 (아내의 격려로) 내 일을 해보려고 다니던 직장도 그만두었다.

시간은 걸렸으나 약간의 성과가 있었다. 뿌듯하게도 이번에는 내가 외벌이를 하는 동안 아내가 대학원에 진학하고 임상 실습을 나가고 육아휴직을 하며 둘째를 낳았다. 이후 아내는 다시 직장에 복귀했는데, 천만다행한 일이었다. 그즈음 내 사업이 나락으로 떨어지고 있었기 때문이다.

나는 새로운 고객을 확보하지 못한 채 일 년을 보내고 있었다. 다행히도 기존에 내가 대필했던 저자 한 명이 프로젝트를 일 년간 더 확장했다. 하지만 그게 마무리되고 나자 예정된 아무런 잠재고객도 없이 줄어드는 통장 잔고와 늘어나는 카드빚을 뚫어져라 처다볼 수밖에 없었다. 설상가상으로 임신과 출산중에 어려움이 있었던 아내의 의료비 수만 달러가 청구되었고(대학원에서 가입한 건강보험이 형편없었다) 나는 잔뜩 겁에 질렸다.

나는 내가 해낼 수 있다는 것을 이미 나 자신에게 증명했었다. 일 년 반 동안 혼자서 우리 가족의 생계를 책임지지 않았던가. 왜 더이상은 고객을 확보하지 못하는 걸까? 내가 뭘 잘못하고 있는 걸까? 이게 무슨 신의 계시인가? 그동안은 단순히 몇 번의 행운이 이어진 것이고 이제는 남자답게 진짜 직장을 구해야 할 때인가? 내 꿈은 그냥 이대로 박살나는 건가?

당시 나는 한 달에 한 번씩 다른 대필 작가들과 만나 서로 조언을 주고받고 있었다. 동료들은 나를 도와주려고 온갖 아이디어를 내놓았다. 그중 한 명이 내게 비즈니스 코치를 한 명 찾아내 서로 도움을 주고받는 게 어떠냐고 했다. 그러니까 내가 비즈니스 코치의 대필을 해주고, 비즈니스 코치는 내 사업에 대해 코칭을 해주는 것이다. 그리고 바로 그날 우연히도 나는 링크드인에서 누군가 틈새시장 공략에 관한 글을 공유해놓은 것을 보았다.

나는 속으로 '비즈니스 서적 대필만한 틈새시장도 없을 거야'라고 생각했다. 그래서 링크를 타고 들어가 해당 글을 읽어보았다. 직관적으로 합리적인 이야기라는 사실을 알 수 있었다. 나는 저자가 뭔가를 제대로 아는 사람이라고 생각했다. 그의 이력을 살펴보다가 웹 사이트에 들어갔는데 거의 '준비중' 수준으로 아직 내용이 거의 없었다. 연락처를 찾아내 급히 이메일을 쓰면서도 나는 보나마나 회신이 없을 거라고 생각했다.

20분쯤 지났을까. 전화기가 울렸다.

내가 간략히 문제를 설명하자 매슈는 내 사업이 지금 어디쯤 있고, 정확한 내 문제는 무엇이며, 그걸 해결하려고 내가 뭘 했을지 마법처럼 정확하게 집어냈다. 실은 너무 귀신같이 정확해서 약간 무서운 기분이 들 정도였다.

그 순간 나는 이 남자가 나를 도울 수 있으리라는 사실을 알았다. 하지만 동시에 내가 가진 예산으로는 이 남자를 고용할 방법이 결코 없으리라는 것도 알았다. 나는 밑져야 본전이라고 생각하며 혹시 비즈니스 코칭과 대필 작업을 맞바꾸면 어떻겠냐고 말을 꺼내보았다.

웃음을 터뜨린 그는 이렇게 말했다. "그렇지 않아도 제가 지금 동료 한 명과 전자책 집필을 준비중인데 도와줄 만한 작가를 찾아보려던 참이에요." 우리는 둘 다 조심스러웠으나(서로가 그렇다는 것을 알고 있었다) 임시로 한번 협업을 해보기로 했다.

지금 이 글을 쓰기 전까지 내가 매슈에게 이야기한 적이 있는지 모르겠는데, 그날 내가 동의했던 유일한 이유는(비록 제안한 사람도 나였지만) 내 입장에서는 잃을 게 아무것도 없었고 지푸라기라도 잡고 싶었기 때문이다. 나는 '영업과 마케팅'에 종사하는 사람들을 좋아하지 않았다. 왜냐하면 내가 본 그들은 늘 거만하고 허장성세에 헛소리만 늘어놓았기 때문이다. 나는 또 매슈가 신경언어학 수업을 듣는 것도 싫었다. 나는 신경언어학이 사이비 학문이며 남을 조종하는 게 핵심이라고 생각했다. 그리고 마지막으로 나는 서비스를 서로 교환하는 것도 싫었다. 나는 자유시장을 신봉하는 자본주의자였다. 서비스 교환이란 공산주의에서나 하는 거라고 생각했다. 전기 회사가 전기 요금을 받을 때처럼 나는 현금만 받았다.

나는 애써 행복한 표정을 지으며 주방으로 들어가서 아내에게 새로 맡게 된 일을 설명했다. 나중에서야 고백했지만 아내 역시 당시에는 내가 지푸라기를 잡고 있다고 생각했다. 그렇지만 나는 말 그대로 생각할 수 있는 건 안 해본 게 없었다. 카피라이터 일도 다시 하고, 내 웹 사이트도 새로 꾸몄으며, 심지어 일자리까지 찾으려고 했다. 아무것도 효과가 없었다. 그 당시 우리는 뭐라도 돌파구가 생기지 않으면, 내가 자존심을 굽히고 옛날 사장님을 찾아가 나를 다시 채용해달라고 사정이라도 해야 할 판이었다.

이후 2주간 매슈는 내게 비즈니스 코칭을 해주고 나는 매슈의 전자책을 작업했다. 내가 얻었던 가장 큰 깨달음은 그동안 내가 영업을 한 적이 없다는 사실이었다. 한 번도 없었다. 나는 마케팅을 좋아했고 그래서 마케팅은 그런대로 잘하고 있었다. 그러나 영업은 전혀 다른 이야기였다. 나는 내향적인 사람이다(나는 프리랜서로 종일 책을 쓰고 일 년에 겨우 몇 사람과 협업한다. 말하자면 내향적인 직업인의 전형이라고 봐도 무방하다). 기본적으로 나의 접근법은 힘든 일을 모두 마케팅에 맡기고 판매는 자연스럽게 이루어지길 바라는 것이었다.

매슈가 영업 대본에 관한 이야기를 시작했을 때 나는 본능적으로 피하려고 했다. 로봇처럼 대본을 암기해서 이야기하는 텔레마케터처럼 되고 싶지는 않았다. 그렇지만 그동안 내 방법으로는 별 효과를 보지 못한 것도 사실이었다.

얼마 지나지 않아 영업 기회가 될 전화를 한 통 받았다. 나는 매슈의 도움으로 만든 프로세스(이 책의 요약본이라고 봐도 무방하다)를 그대로 밟는 것에 대해 확신은 별로 없었으나, 정해진 순서대로 각 단계를 모두 밟았다. 30분이 지나고, 고객은 계약을 하자고 했다.

전화를 끊은 나는 충격에 빠져 그 자리에 멍하니 앉아 있었다. '방금 무슨 일이 있었던 거지? 내가 30분 만에 책 한 권을 계약한 거야? 이게 현실이야?'

이후 2주 반 동안 나는 8만 달러어치의 대필과 편집 계약을 맺었다. 육 개월이 지났을 때는 이전 삼 년 동안 맺은 계약을 '합친' 것보다도 더 많은 계약을 성사시켰다.

그로부터 삼 년간 일어난 일을 하나씩 모조리 설명할 수도 있지만 요약하면 다음과 같다.

+ 우리 가족은 경제적 어려움을 벗어나 빚을 모두 청산하고 금전적 여유를 누리게 됐다.
+ 오래된 동네의 조그만 신혼집에서 창고를 작업실로 쓰며 살던 우리는 우리집이라고 믿기 어려운 근사한 집으로 이사했다.
+ 우리는 아이들 학자금 계좌를 따로 만들었다. 장학금을 받든, 못 받든, 상을 타든, 못 타든 우리 아이들이 각각 18세

가 되면 거의 모든 공립대학에서 학부 과정을 마칠 수 있을 만큼의 자금이 마련되어 있을 것이다.

- ✦ 나는 퇴직연금을 들고 있고 아내도 회사에서 들어주는 것과는 별도로 퇴직연금을 들고 있다. 무리하지 않아도 지금처럼만 연금을 붓는다면 은퇴할 때 우리 부부는 백만 달러 이상을 모았을 것이고 그 이자로만 편안히 지낼 수 있을 뿐만 아니라 원금은 우리 아이들 및 손자녀에게도 물려줄 수 있을 것이다.
- ✦ 나는 스위스 취리히에 출장을 다녀왔다.
- ✦ 나는 아내를 데리고 런던과 파리 여행을 했다.
- ✦ 이 책을 출판사에 넘기기 직전 주말에 맺은 대형 대필 계약 덕분에 나는 앞으로 일 년간은 더이상 고객이 필요하지 않다.

매슈의 전화를 받기 전에 누군가 나에게 앞으로 삼 년간 이런 일이 일어날 거라고 말했다면 대체 무슨 약을 드시고 계시냐고 물었을 것이다. 뭔지는 몰라도 약효가 엄청나 보인다면서 말이다.

솔직히 말하면 나도 이런 상태가 정상이라고 받아들이는 데 이 년 이상이 걸렸다. 워낙에 오랫동안 두려움에 떨며 살던 터라 달리 어떤 감정을 느껴야 할지 알 수가 없었다. 나는 자꾸만 누가 우리집에 찾아와서 이렇게 말할 것만 같았다. "데릭 씨, 지금까지 저희가 사회학적 실험을 진행중이었습니다. 즐거우셨겠지만 이제 연구가 끝났어요. 현실로 돌아가실 시간입니다. 24시간 안에 집을 비워주세요."

그런 일은 아직 일어나지 않았다.

이는 모두 매슈가 내향적인 사람으로서의 내 장점을 활용하는 방법을 알려준 덕분이다. 영업을 회피하지 않고 나에게 맞는 기본적 영업 프로세스를 정립하는 방법을 보여준 덕분이다. 내가 사업하는 방식과도 꼭 맞고 억지로 내 본성을 거스를 필요도 없는 그런 방법 말이다.

지금 밖에 나가면 나는 하늘이 달리 보인다. 공기의 냄새도 다르다. 내 삶과 내가 사는 세상이 바뀌었다. 하지만 주변은 바뀐 게 없다. 달라진 것은 '나'다.

그때 내가 사용했던 방법

3주 만에 8만 달러어치의 계약을 체결하기 위해 실제로 나는 뭘 했을까?

나는 내가 할 수 있는 마케팅은 모두 다 시도해보았다. 무작정 전화도 걸어보고, 이메일도 보내고, 다이렉트 메일도 보내고, 링크드인에서 친목도 도모하고, 오프라인으로 사람도 만나고, 하

고, 하고, 또 하고. 그렇지만 그런 방법들로는 대필 계약을 따내진 못했다. 단돈 1달러라도 내가 번 돈은 모두 상대방이 나를 찾아온 경우였다. 주로 내 웹 사이트를 통해서 말이다.

매슈의 코칭을 받기 전에는 나는 이메일을 받으면 답장을 통해 최대한 미리 홍보를 하려고 했다. 나는 빡빡하게 정보로 가득 찬 답장을 보냈고 심지어 더 많은 정보를 주려고 첨부 파일도 대여섯 개씩 붙였다. 나는 잠재고객인 나의 저자가 그것들을 모두 읽고 마음을 정해서 결정을 내린 후에 그냥 전화를 해주길 바랐다. 그러나 매슈가 지적했듯이 이메일이나 PDF만 보고 책 한 권 (아마도 자신이 평생에 걸쳐 이룬 업적)을 맡길 사람은 아무도 없다. 내가 그렇게 기나긴 이메일을 쓴 이유는 내가 그걸 보내고 싶어서였지, 잠재고객이 보고 싶은 내용이어서가 아니었다.

하지만 이번에는 짧고 품위 있는 글에 전화통화가 가능한 시간대만 몇 개 써서 답장을 보냈다. 시간 약속만 잡고 나는 아무것도 하지 않았다.

전화가 연결되었을 때 나는 이제 막 만들어진 따끈따끈한 내 영업 프로세스에 따라 주요 단계를 하나씩 차례대로 밟아나갔다.

1. 라포르: 나는 공동 저자라고 하는 두 사람이 어디에 사는지 물었고 이후 서로의 사투리(미국 남부, 영국, 호주)에 관해 이야기를(결국 농담으로 이어졌다) 나눴다.

2. 질문: 나는 그들이 염두에 두고 있는 책에 관해 물은 뒤, 몇 가지 확인 질문을 함으로써 그들이 원하는 것을 내가 제대로 이해했다는 사실을 보여주었다.

3. 스토리: 나는 이들에게 두 가지 스토리를 들려주었다. 첫째는 이전에 내가 함께 작업했던 세 명의 저자에 관한 이야기였다. 처음에 세 사람은 자신들이 무엇에 관한 책을 쓰고 싶은지조차 잘 모르는 상태였는데, 나와 협업하면서 결국에는 그들의 사업 프로세스 전반을 새로 짜는 결과로까지 이어졌다. 두번째 스토리는 프랑스계 독일인 컨설턴트에 관한 것이었는데, 소파에 앉아서 내가 쓴 원고를 읽던 그녀의 남편이 "우와, 이건 완전히 당신이 쓴 것 같은데?"라고 말했다는 내용이었다.

그게 전부였다. 위 내용에는 아직 어젠다도, 자격 확인 절차도, 반론 처리 쿠션도 없다는 점에 유의하기 바란다. 저때까지만 해도 내가 아직 매슈의 방법론에서 미처 다 받아들이지 못한 것들이 많이 있었다. 하지만 그런 것들이 빠진 상태로 이렇게 뼈대만 있는 프로세스를 가지고도 나는 8만 달러짜리 계약을 체결했다.

조금 더 대화가 이어진 후 나는 계약을 하자고 청할 필요조차 없었다. 그들이 내 가격을 물었기 때문이다. 내가 가격을 말하자 그들은 좋다고 하면서 계약서를 보내달라고 했다.

나는 그다음 주에도 또다른 대필 작업과 조그만 편집 작업으로 똑같은 프로세스를 두 번이나 밟았다. 모두 합쳐 세 시간 정도 되는 전화통화를 통해 나는 인생의 방향이 바뀌었다. 개인적으로도, 직업적으로도 말이다.

지금 내가 사용하는 방법

───

지금도 나는 내가 영업을 아주 잘한다고 생각하지 않는다. 그냥 괜찮은 정도다.

하지만 그것만으로도 나는 매년 억대 수입을 벌고 있다. 내 영업 프로세스는 조금 더 정교해졌고, 내 은행 잔고도 그것을 반영하고 있다. 내가 영업에 능숙해질수록 수입도 늘어난다. 종종 나는 이런 생각을 한다. '우와, 이 영업이라는 것, 나도 이제 꽤 잘하는데?'

하지만 언젠가 나의 자신감이 과신으로 변질된 적이 있었다. 나는 판매 슬럼프에 빠졌다. 실은 6개월이나 판매가 소강상태에 빠져 있었다. 그 끔찍한 절망의 기분이 슬금슬금 다시 뼛속으로 스미기 시작했다. 내가 정복했다고 생각했던 두려움이 다시 돌아와 나를 괴롭혔다.

나는 이전에 나를 구해주었던 장본인에게 다시 연락했다.

매슈의 첫 질문은 이것이었다. "음, 대본대로 하고 있어요?"

내가 말했다. "어…… 그게 이제 꽤나 유기적으로……"

우리는 처음부터 다시 살폈고 나는 내가 무엇을 놓쳤는지 볼수 있었다. 2주 후 나는 계약을 체결했고 그 덕분에 스위스 알프스로 출장을 갔다. 한 달 후에는 또다른 계약을 체결하고 런던으로 출장을 갔다.

나는 기본으로 다시 돌아갔고 상황은 곧 제자리를 찾았다.

지금 내가 쓰는 방법을 여러분에게 알려줄 텐데 한 가지 명심할 것이 있다. 이 책이 출판될 때쯤이면 이미 나는 무언가를 수정했을 거라는 점이다. 실은 매슈와 함께 10장을 집필하는 과정에서 내 영업 대본에 대한 코칭도 더 많이 받을 수 있었다. 그렇게 바뀐 부분들을 나는 프로세스에 포함시킬 것이고 내 스스로도 일부 수정을 가할 예정이다. 그중에는 효과가 있는 것도 있고 실망스럽거나 중요하지 않은 것도 있겠지만 나는 실험을 계속할 것이다. 핵심은 한 번에 한 가지만 바꾸는 것이다.

내 경우 판매 경로는 계속해서 온라인 출처로 들어오는데, 주로 일반 검색(그냥 구글로 검색하는 것)이거나 키워드 검색이 검색 광고로 연결된 결과다. 내 마케팅 활동은 검색 엔진 최적화에 초점을 많이 맞추지만, 그동안 책도 한 권 출간했고, 몇몇 팟캐스트에 게스트로 출연하기도 했으며, 그 외에도 여러 가지 시도를 했다. 사람들이 나를 찾기 쉽게 하기 위해서다.

그러나 (이 책의 요점을 강조하려면 이 점을 분명히 해야 한다) 나는 그저 트래픽만(질 높은 트래픽이라고 하더라도) 늘리려고 애쓰지는 않는다. 나에게 실마리가 되어준 그 8만 달러짜리 계약을 체결하는 데는 책도, 검색 광고도 필요하지 않았다. 실제로 제대로 된 영업 프로세스가 없었다면 그 모든 툴이 있었다고 해도 문의만 더 들어왔을 뿐 실제 매출이 늘어나지는 않았을 것이다. 달라진 것은 하나뿐이었다. 나는 '이미 내 앞에 와 있는 사람에게 영업을 성공하는 방법'을 배웠다.

이제 나의 미팅이나 문의 전화의 80퍼센트가 어떻게 진행되는지 설명하겠다.

솔직히 말하면 내 영업 대본을 글로 써서 온 세상(적어도 이 책을 읽는 사람들)이 볼 수 있게 펼쳐놓는다는 게 마음이 그리 편하지는 않다. 이런 루틴을 다 글로 써놓은 것을 보고 누군가는 내가 진실하지 않다고 느낄까봐 걱정도 된다. 하지만 나처럼 내향적인 사람들이 꿈을 추구하는 데 조금이라도 도움이 된다면 그 정도는 감수할 가치가 있다고 생각한다.

나는 전화통화를 할 때 내가 준비되어 있고 상황을 통제할 수 있으면 오히려 더 '나답게' 처신할 수 있다는 것을 알게 됐다. 질문 하나, 발언 하나마다 고민하는 대신 오히려 그 순간에 충실할 수 있었다. 대답을 생각해내느라 정신이 팔리지 않고 고객의 반응에 더 집중할 수 있었다. 영업 프로세스를 만들기 전에는 문의 전화에 대해 아무런 준비가 되어 있지 않았다. 나는 모든 판매를 이메일로 하려고 애썼다. 대화의 주도권은 늘 고객이 가져갔다. 내가 어떤 기여를 할 수 있는지 원저자가 제대로 알 기회를 갖기도 전에 가격에 대한 논의가 너무 일찍 튀어나왔다. 나는 최선을 다해서 답했지만 전화를 끊을 때면 어쩐지 실패한 듯한 기분이 들었다. 스스로를 부정하던 때에는 나를 대필 작가로 선택하지 않은 저자들에게 책임을 돌렸다. '나를 고용할 능력이 안 돼' '자신이 뭘 원하는지도 모르는 사람이야' '내가 경험이 없는 게 걱정됐나보지' 내가 판매에 실패한 것이 마치 그들의 잘못인 것처럼 수십 가지의 핑계를 대었다.

그러나 그런 생각은 모두 사실이 아니었다. 기본적인 영업 프로세스를 마련해놓고 보니 갑자기 돈은 문제가 아니었다. 상대는 자신이 원하는 것을 정확히 알고 있었고 내가 그들과 비슷한 다른 저자들과 함께 작업한 경험을 높이 평가했다.

미팅이나 전화통화가 어떻게 흘러갈지 알고 있으니 내가 무슨 말을 해야 하고 어떻게 반응해야 하는지 전혀 걱정할 필요가 없었다. 어려운 부분은 이미 해결되어버린 것이다. 내가 잘해낼 수 있을지 걱정할 필요 없이, 의식적인 노력을 거의 하지 않아도, 일어나야 할 일들이 자동적으로 일어났다. 그러자 나는 현재에 온전히 충실할 수 있었다. 상대의 말이 끝나면 내가 뭐라고 답해야 하는지 생각하느라 스트레스를 받을 필요 없이, 상대가 지금

하고 있는 말에 온전히 집중할 수 있었다.

내 경우 80퍼센트 이상의 미팅이나 문의 전화가 다음과 같이
진행된다.

1단계: 신뢰와 어젠다

(전화 미팅 시작)

"안녕하세요? 데릭입니다."

(답을 기다린다.)

"○○ 씨, 반갑습니다. 연락주셔서 감사합니다. 전화주시는 곳
은 어디인가요?"

(답을 기다린다. 해당 지역과 관련된 짧은 대화 또는 가벼운 농담.)

"음, 이런 전화 미팅의 경우에 저는 보통 다음과 같이 진행합
니다. 먼저 고객님의 경력에 관한 이야기를 좀 들어요. 언제
커리어를 시작해서 지금은 어디쯤 와 있는지 그런 것들이요.
그다음에는 그동안 제가 도와드린 저자분들과 협업한 프로젝
트의 유형에 관해 간단히 설명을 드릴 겁니다. 그런 다음 고객
님이 생각하고 계신 책의 내용과 현재 진척 상황에 관해 말씀
을 좀 듣고요. 이후 프로젝트마다 제가 따르고 있는 5단계 프
로세스를 간단히 설명해드릴 거예요. 그다음에는 제가 제공하
는 서비스의 유형, 그리고 각 유형의 수수료에 대해 이야기를
나눌 겁니다. 이렇게 진행하면 괜찮으실까요?"

(답을 기다린다.)

"좋습니다. 그러면 이제 고객님 차례에요. ○○ 씨는 어떤 분일까요?"

(상대의 경력에 관해 집중적으로 듣는다. 적절히 웃음을 터뜨리거나 코멘트를 한다.)

"말씀 감사합니다. 어떤 경력을 가진 분인지 대략 알겠네요. 제 소개를 간단히 드리면 저는 주로 고객님 같은 경영 리더분들과 작업을 진행하고 있습니다. 제가 협업을 진행했던 저자분들은 다섯 대륙에 걸쳐 있고요. 그중에는 터키의 경제학자, 텍사스 출신의 석유 재벌, IT 스타트업 출신의 백만장자, 브라질의 연방법원 판사, 남부 지역의 육군 대령도 있었습니다.

제가 작업한 저자분들의 출신을 보면 IMF, 다임러크라이슬러, 독일 기업 SAP, 디즈니, 미국 해병대 심지어 적십자도 있었습니다. 이런 저자분들과 몇 년간 작업을 하다보니 이런 유형의 책을 쓸 때 참고할 수 있는 서적이 없다는 게 참 난처하더라고요. 그래서 실은 리더십에 관한 책을 쓰는 방법에 관해 제가 직접 책을 한 권 썼습니다. 『비즈니스 서적 바이블』이라고, 몇 년 전에 출간됐어요.

제가 작업하는 전형적인 저자분들을 보면 10년에서 20년 정도 비즈니스에 종사했고 적어도 5년에서 10년 정도는 본인 회사를 경영하신 분들이 많습니다. 물론 누구나 자신의 책이 베스트셀러가 되기를 바라겠지만, 제가 작업하는 저자분들의 경우에는 상업적인 성공은 두번째 관심사고요. 그분들이 책을 쓰시는 이유는 주로 강연 용도예요. 본인의 전문 지식을 알리고, 강연 의뢰를 확보하고, 본인의 다른 제품이나 서비스를 홍보하기 위한 것이죠.

그러니 고객님은 제가 협업하는 저자들과 정확히 같은 유형이세요. 만약에 누가 저한테 와서 '데릭 씨, 회고록이나 뱀파이어 연애소설을 하나 쓰고 싶은데요'라고 했다면 저는 '죄송합니다. 제가 잘하는 분야가 아니에요'라고 말했을 겁니다. 하지만 경영 리더십 서적이라면 제가 매일, 하루종일 하는 분야인 거죠."

만약 상대가 본인의 경력만 이야기했다면 "그러면, 쓰려고 하시는 책에 관해서도 말씀을 좀 부탁드릴게요"라고 말한다.
만약 상대가 본인의 직업적 경력에 관한 이야기에서 출발해 어느덧 책에 관한 아이디어도 이야기하고 있다면 "아, 저희가 벌써 책에 관한 이야기도 나누고 있네요. 그런데……"라고 하면서 2단계로 옮겨간다.

2단계: 추가 질문
상대의 이야기에서 드러난 정보나 관심사를 기초로 선별적인 질문을 하라.

(매슈가 영업뿐만 아니라 마케팅에 관해서도 코칭을 해준 덕분에 내가 협업할 저자들은 서로 관심사가 아주 비슷하다. 그래서 미팅이나 전화 통화를 할 때 내가 간접적으로 언급하는 경우가 많다. 거의 모든 저자의 고충이 동일하기 때문에 나는 추가 질문을 그리 많이 할 필요는 없다.)

"한 가지 여쭤볼게요. 지금으로부터 일 년 후라고 한번 생각해 보세요. 원고는 진즉에 마감이 됐고, 책을 낼 준비도 다 마쳤고, 고객님 손에 책이 쥐어져 있는 거예요. 그 책으로 뭘 할 것 같으세요?"

"책을 내겠다는 생각을 얼마나 오랫동안 하셨나요? 일 년? 이 년? 십 년?"

"전통적인 방식의 출판을 할 건지, 자비 출판을 할 건지 결정하셨나요?"

3단계: 자격 검증

"혹시 비즈니스 파트너나 공동 저자가 있으신가요? 아니면 혼자서 이 책을 쓰실 생각인가요?"

단독 저자가 아니라면: "좋습니다. 저자가 여러 명인 프로젝트를 저도 많이 해봤어요. 작업이 한층 복잡해지기는 하지만 걱정할 필요는 없습니다. 그분들의 참여에 관해 함께 얘기를 나눠봐야 하는데 언제가 좋을까요?"

단독 저자라면: "좋습니다. 혹시 승인을 받아야 할 곳이 있나요? 최종적으로 책을 승인하는 데 참여할 투자자라든가 다른 사람이 있으신가요? 아니면 걱정할 필요가 전혀 없을까요?"

4단계: 스토리텔링

"저를 찾아오시는 저자 중에서 정확히 무엇에 관한 책을, 정확히 어떻게 펼쳐놓고, 1장은 정확히 어떤 내용이고, 2장은 정확히 어떤 내용인지 다 알고 오시는 분은 한 명도 없습니다. 대부분은 그냥 '책을 한 권 쓰고 싶다' 정도만 생각하고 오시죠. 저를 찾아오는 저자분들은 문장을 쓰는 방법을 알려줄 사람이 필요한 게 아니에요. 기나긴 세월 동안 본인들이 생각해온 아이디어와 겪었던 경험을 머릿속에서 끄집어내서 종이에 쓰는 방법, 그것도 사람들이 읽고 싶어하는 방식으로 쓰는 방법을 알려줄 사람이 필요한 거지요. 그러니, 저를 믿으셔도 좋습니다."

(답을 기다린다.)

"이걸 알아내는 데는 저도 시간이 좀 걸렸는데요. 애초에 무엇에 관한 책을 쓸 것인지 파악하는 바로 이 단계에서 그동안 저자들과 협업하는 방식이 꽤 바뀌었어요.

고객님의 머릿속에 있는 그걸 끄집어내서 원고로 옮기기 위해 제가 사용하는 5단계 프로세스를 말씀드릴게요. 먼저 빠르게 단계 이름을 소개하고 다시 하나씩 설명드리도록 할게요. 우선 발견, 청사진, 프랑켄 드래프트, 편집, 다듬기 과정이 있어요.

발견 과정은 먼저 제가 고객님이 있는 곳으로 날아가서 사흘 동안 워크숍을 진행하는 걸로 시작됩니다. 호텔 스위트룸이나 사무실에서 문을 걸어 잠그고 브레인스토밍을 할 거예요. 고객님은 저에게 지난 십 년 혹은 이십 년간 하신 일을 모조리 말씀해주시면 됩니다. 아이디어라든지, 경험, 스토리, 전문 지식 등 책과 조금이라도 관련이 있다고 생각되는 것이면 뭐든지 전부 다요. 저는 그걸 몽땅 녹음해서 캔자스에 있는 저의 녹취록 담당자에게 보냅니다. 그리고 2주 정도 추가로 연락을 하면서 그사이 고객님이 기억해낸 것들을 모조리 검토할 거예요. 이게 다 끝나면 엄청난 양의 이야기 소재가 생길 텐데 우리는 그걸 가지고 어떤 책을 쓸 건지 결정할 겁니다.

2단계에서는 청사진을 만들 거예요. 이렇게 긴 시간 동안 우리가 나눈 대화를 바탕으로 저는 내용을 분류하고 걸러서 고객님 책의 기본 테마를 찾아낼 겁니다. 함께 작업을 하면서 이런 얘기를 나누는 거죠. '이 책의 독자는 이런 사람이고, 그들의 문제는 이런 것이며, 우리 책은 그 문제를 이렇게 해결할 거다. 1장에는 이런 콘텐츠, 스토리, 사례, 인용글 등이 들어가고, 2장에는 이런 내용, 3장에는 이런 내용이 들어간다.' 그러면 어떤 책을 쓰게 될지 윤곽이 생기겠죠.

3단계에서는 제가 1장을 대필해서 보내드립니다. 그러면 그걸 읽어보시고 전화로 어떤 점은 좋았다, 안 좋았다, 나답게 들린다, 나답지 않다 등등의 의견과 새로운 아이디어, 나아갈 방향 등을 말씀해주시는 거예요. 그러면 저는 그 정보를 받아서 2장을 대필해서 고객님에게 보내드리고요. 고객님은 그걸 읽고 다시 또 이 과정을 밟는 거예요. 그렇게 한 장씩 고객님의 책에 대한 비전이 점점 더 분명해질 겁니다. 책을 쓰면서 방향이 더 또렷해지는 거지요.

그리고 나면 프랑켄 드래프트 단계예요. 제가 이걸 프랑켄 드래프트라고 부르는 이유는 책을 쓴다는 게 모나리자를 그리는 과정보다는 프랑켄슈타인에게 생명을 불어넣는 것과 더 비슷하기 때문이죠. 수십 개의 조각들을 이어 맞추고 꿰매서 만들어진 괴물 말이죠. 예쁘지는 않지만, 살아 있을 겁니다.

4단계에서 저는 처음으로 되돌아가서 전체 원고를 새로 씁니다. 고객님의 피드백과 의견, 더 명확해진 비전, 우리가 갖게 된 새로운 아이디어들에 근거해서 말이죠. 말하자면 우리는 무엇에 관해서 써야 할지 알기도 전에 책을 써야 하는 것과 비슷해요.

그런 다음 그 버전을 고객님에게 보내드릴 거고요. 고객님은 두어 명의 지인들에게 나눠줘서 정직한 피드백을 받으실 거예요. 배우자나 사업 파트너 같은 사람들 말이에요. 그런 다음 우리가 다시 만납니다. 고객님이 '데릭 씨, 이걸 바꿔야 할 것 같아요'라고 하시면, 저는 또 '○○ 씨, 새로운 눈으로 보니 제 생각은 이래요'라고 하는 거지요.

제가 한 차례 편집을 더 할 거고요, 바뀐 부분들뿐만 아니라 문장이나 단락이 부드럽고 촘촘한지도 확인할 거예요. 그러고 나면 두 차례 교정자에게 넘길 거고요, 그럼 원고가 완성되는 거지요.

다음으로는 전통적인 방식의 출판과 자가 출판의 장단점에 관해 알려드릴게요. 어느 쪽이 되었든 업계 표준에 해당하는 원고를 갖게 되실 겁니다.

자, 그러면 지금까지 제가 너무 많은 정보를 쏟아냈을 테니 잠깐 멈춰서 한번 여쭤볼게요. 저의 4단계 프로세스 내에서 아무거라도 질문이 있으신가요?"

(기다리면 틀림없이 "아니오, 다 이해가 가네요"와 비슷한 답이 나온다.)

"이 접근법의 장점은 단계를 하나 지날 때마다 책에 대한 고객님의 비전이 더 명확해진다는 점이에요. 그 비전이 명확해질수록 고객님은 저에게 그 비전을 더 명확히 전달할 수 있고, 저도 그 비전을 더 명확히 옮겨서 책에 구현할 수 있을 거예요.

전문 대필 작가로서 제가 받았던 가장 큰 칭찬이 뭐였는지 말씀드릴게요. 그분은 컨설턴트였는데 드래프트 과정에서 남편한테 한 번도 원고를 보여주지 않았어요. 제 생각에는 아마 본인의 아이디어를 스스로 발전시키고 싶었던 이유도 있겠고, 일부는 아마 그냥 남편을 좀 약올리고 싶으셨던 것 같아요. 원고가 거의 완성됐을 때에야 프린트를 해서 남편에게 주었는데, 남편분은 소파에 앉아서 읽기 시작했죠. 두 시간쯤 후에 우리 저자분이 주방으로 가려고 거실을 가로지르는데 원고를 읽고 있던 남편이 고개를 들어 이렇게 말씀하셨다고 해요. '세상에…… 이건 완전히 당신이 쓴 것 같아!'

그럴 때 저는 제가 일을 제대로 했구나 하고 느껴요. 남편이 느끼기에도 책이 아내가 쓴 것처럼 읽힐 때 말이에요. 전문 대필 작가가 받을 수 있는 최고의 찬사지요."

(반응을 기다린다.)

5단계 및 6단계: 마무리 시도 및 반론 대처법

(내 경우에는 영업 프로세스 중에서 내가 가격을 제시하고 상대의 예산을 물을 때까지는 반론이—혹시라도 있다면—나오는 경우는 드물다.)

"좋습니다. 그러면 문제는 당연히 비용이 얼마나 드느냐가 되겠죠? 여러 가지 패키지가 있습니다. 가장 많은 내용이 포함된 패키지부터 하나씩 설명드릴게요."

(세 가지 다른 수준의 서비스—턴키 방식, 핵심 서비스, 코칭—의 내용과 정해진 가격을 가장 비싼 것부터 순서대로 설명한다. 그렇다. 이 부분도 매슈가 설계를 도와주었다.)

"경영 리더분께서 책을 출판하신다면 당연히 마케팅 투자의 일환일 텐데요. 그렇다면 그 투자는 비용을 정당화할 수 있어야 하겠죠. 책에 어느 정도의 예산을 생각하고 계셨나요?"

(대답을 기다린다.)

가격 때문에 망설인다 싶으면: "당연히 생각을 좀 해보셔야 할 거예요. 시간과 돈을 크게 투자하는 일이니까요. 생각을 좀 하실 수 있게 간단한 스토리를 하나 들려드릴게요.

전에 금융 자문을 하고 계신 분이 책을 쓰고 싶다고 저를 찾아오신 적이 있어요. 그런데 단순한 돈 관리에 관한 책이 아니라 자녀에게 물려줄 수 있는 경제적 자산을 모으는 방법에 관한 책이었죠. 책 자체가 저자 본인이 자녀에게 남기는 유산이기도 했고요.

그런데 남들의 투자를 관리하며 사는 사람으로서 그분은 본인이 생각하는 책의 비용을 도저히 정당화할 수가 없었던 거예요.

이 년이 지난 후에 그분은 결국 저를 다시 찾아와 이렇게 말씀하시더군요. '데릭, 도저히 생각을 떨쳐낼 수가 없네요. 이 책을 써야겠어요.' 그래서 수표를 쓰고 계약서에 서명을 하고 마침내 책을 쓰기 시작했어요. 만약에 정말로 그 책이 쓰고 싶다는 걸 알았던 때에 바로 시작했다면 이미 작업이 끝났을 만한 시점이었죠."

그렇지 않은 경우: "이렇게 하시죠. 계약서가 어떤 형태가 될지 제가 초안을 만들어서 보내드릴 테니 받아서 검토해보시고요. 스케줄을 잡아서 다음주에 그에 관해 얘기를 나눠보시죠. 괜찮으실까요?

좋습니다. 저도 이 일을 꽤 오래 하다보니 이런 전화 미팅에서는 두 가지가 중요하다는 걸 알고 있어요. 하나는 제가 저자를 웃게 만들어야 하고요, 둘은 저자가 저를 웃게 만들어야 해요. 전혀 모르는 두 사람이 전화통화를 하면서 서로를 웃게 만들 수 있다면 앞으로 그 관계가 어떻게 될지 보통은 힌트가 되거든요. 우리 두 사람이 협업이 잘될수록, 더 좋은 책이 나오는 거죠."

(반응을 기다린다.)

"알겠습니다. 그러면 말씀 나누게 돼서 반가웠고요. 앞으로 더 많은 얘기 나눌 수 있기를 기대하고 있겠습니다."

그렇다. 이게 전부다. 억대 연봉. 매년.

과연 이렇게까지 해야 할까?

데릭의 대본이 좀 길어 보일지도 모르겠다. 이런 걸 생각해내고 암기하려면 할일이 엄청 많겠다고 생각할 수도 있다. 그렇지만 내가 폴러드 인스티튜트의 직원들에게 자주 하는 농담처럼, 사람들은 일 년에 2만 달러를 벌려고 셰익스피어의 희곡 전체를 외운다. 만약 그들이 내 대본을 외운다면 일 년에 20만 달러도 벌 수 있다.

오늘날까지도 나는 여전히 대본을 사용한다. 실은 내 대본이 시험대에 오른 일이 있었다. 방콕에서 열린 일렉트로룩스의 임원 총회에서 강연을 하고 장장 30시간이 걸려 집에 도착해보니, 시각은 목요일 밤이었고 전화 미팅을 포함해 다음날 예약된 영업 미팅만 12건이었다. 강연을 하게 된 건 마지막에서야 결정된 일이었고, 그 많은 미팅을 연기하기란 쉬운 일이 아니었다. 하는 수 없이 나는 꾹 참고 미팅을 모두 진행하기로 했다. 시차 때문에 머릿속은 빙빙 돌고 집중을 하기가 쉽지 않았다. 나는 늘 쓰던 내 대본을 그냥 글자 그대로 읽었다. 아마도 약간은(혹은 엄청나게) 생기가 부족했을 것이다. 그리고 다른 날과 별 차이 없는 수의 계약을 성사시켰다.

숙제를 하라. 대본을 만들어라. 큰돈을 벌 것이다.

11장

조용한 판매왕

상위 10퍼센트의 영업자는
다들 계획한 대로
프레젠테이션을 진행한다.
돈을 많이 못 버는
하위 80퍼센트의 영업자는
고객을 만나면
그냥 입에서 나오는 대로 말한다.

－ 브라이언 트레이시, 『판매의 심리학』

'영업을 못하는 사람이 영업 강사가 된다.'

적어도 대부분의 영업자는 대부분의 영업 강사를 그런 시선으로 본다. 토머스의 상사가 나를 초빙해 토머스를 비롯한 콜리어스 영업팀의 영업사원 세 명과 대화를 나눠보라고 했을 때 세 사람의 얼굴에도 바로 그렇게 쓰여 있었다. 영업이라는 험난한 세상을 더이상 감당 못하겠다고 판단해 강사로 전향한 또다른 허풍쟁이의 말은 관심 없다고 말이다.

그냥 예의 차원에서 영업팀의 싸움닭이 나에게 추수감사절은 어떻게 보내셨냐고 물었다.

"아, 좋았어요. 갑자기 끝나긴 했지만."

자연히 그는 내게 왜 갑자기 끝났느냐고 물었다.

내가 말했다. "목요일에 저는 일찍 자야 했어요. 다음날 아침 일찍 TV 인터뷰가 두 개 잡혀 있었거든요. 물론 나머지 가족들은 늦게까지 안 자고 웃고 떠들었지요. 덕분에 저는 한잠도 못 잤고요. 저는 KXAN TV에서 5시 30분 촬영이 있고, 7시 15분에는 폭스 스튜디오에서 인터뷰가 있었어요. 그런데 폭스의 게스트 중에 한 분이 제가 5시 30분 인터뷰에서 나온 것을 알아보고는 이렇게 물으시는 거예요. '아니 어떻게 이렇게 공짜로 미디어에 많이 출연하세요? 저는 이 쇼에 나오려고 돈을 엄청 썼어요.' 그래서 저는 그냥 저를 원할 만한 곳을 워낙에 잘 찾고, 방송 기획자에게 좋은 스토리를 들려준다고 했어요.

어쨌거나, 간단히 줄이면, 그분이 어제 자기네 회사에 강연 시간이 있다고 저더러 와서 제가 하는 일을 좀 설명해달라고 하더라고요. 강연을 끝내고 나니까 내용이 너무 좋았다면서 자기네 컨벤션에 와서 강연을 해달라고 하더군요. 미국에서 제일 큰 무대 중에 하난데 말이죠.

그래서, 간단히 말하면, 저의 추수감사절은 짧게 끝나버렸어요. 하지만 뭐 전체적으로 보면 아주 잘된 거죠."

다들 명한 표정을 짓고 있었기 때문에 나는 잠시 말을 멈추었다. 그리고 이렇게 말했다. "그래서, 제가 방금 한 게 뭘까요?"

세 사람은 무슨 말인지 모르겠다는 듯이 서로를 쳐다봤다.

내가 말했다. "제가 이 방에 들어설 때 여러분 모두가 영업 교육을 받는 게 마뜩지 않다고 얼굴에 써 있더군요. 그래서 저는 저의 전문성을 보여줄 만한 실제 스토리를 동원해서 그런 반감을 비껴갔어요. 여러분이 나나 이 교육의 가능성을 있는 그대로 볼 수 있도록 말이죠. 제가 장담하는 데 그 가능성이라는 게 굉장할 겁니다. 그러니 다 함께 시작하시죠."

그중 한 사람이 나중에 얘기하기를, 내가 그 스토리를 들려주었을 때 속으로 이렇게 생각했다고 한다. '우와, 이 사람 장난이 아닌걸!'

만약에 내가 그 조그만 스토리로 대화를 시작하지 않았다면 두 강성 영업사원과 한 명의 내향적인 영업사원이 지금 매주 자신의 달력에 '스토리 타임'이라는 걸 표시하고 있을지 의문이다. 나는 이미 상사들과의 미팅에서 3번의 수업을 보장받았지만, 영업사원 본인들에게도 이 수업의 가치를 설득해야 했다. 무엇보다 내가 하는 말을 애초에 믿지 않는 교육생들이 결과를 내기란 쉽지 않고, 나는 늘 고객 한 사람, 한 사람이 자신의 투자에 대한 실질적 보상을 받을 수 있도록 하는 데 초점을 맞추기 때문이다.

나는 그냥 이렇게 말할 수도 있었다. "여러분의 상사가 이미 수업 비용을 지불했으니, 여러분은 여기를 나갈 수 없어요. 그러니 앉아서 들으세요." 하지만 그렇게 말했다면 세 사람에게는 아무런 도움이 되지 않았을 것이다. 나는 그냥 그들의 표정은 무시한 채 받아들일 의사가 없는 관객을 상대로 결국에는 들어주겠지 하고 막연히 바라며 수업을 시작할 수도 있었다. 하지만 나는 즉흥적으로 영업용 스토리를 하나 들려줌으로써 '영업'을 성공시켰고 영업사원들과 좋은 관계를 형성할 수 있었다. 그리고 그 주의 남은 날들 동안 언제라도 잠재고객이 나에게 추수감사절은 잘 보내셨냐고 물어보면 똑같은 스토리를 활용했다.

사실 나는 그 싸움닭을 알렉스 머피의 스튜디오로 불러서 내가 교육용으로 활용할 수 있게 자료를 하나 녹화해달라고 했다. 그 촬영분에서 싸움닭은 처음에는 내 말을 헛소리라 여기고 믿지 않는데 결과가 나오더라고 말했다. 결과가 나오지 않았다면 자신이 이렇게 카메라 앞에 서는 일도 없었을 거라면서 말이다.

어찌 보면 앞서 소개한 일화는 지금까지 이 책에서 이야기한 내용과 어긋날 것이다. 그렇지 않은가? 준비를 하고, 연습을 해서, 연습한 대로 실행하라고 했는데, 즉흥적으로 뭔가를 했으니 말이다. 앞뒤가 맞지 않는 것처럼 보일 것이다.

하지만 실제로는 내향적인 사람의 강점을 활용하는 데 정말로 능숙해진 경우에 불과하다.

일단 여러분의 영업 시스템이 제대로 작동하기 시작하면 여러분은 다가오는 영업 상황의 80퍼센트는 공략할 준비가 될 것이다. 여러분이 딱 여기까지만 읽고 내가 말한 것들을 모두 실천한다면 그래도 여전히 여러분은 놀라울 만큼 영업을 잘하게 될 것이다. 90퍼센트의 경쟁자보다 뛰어날 것이다. 게다가 힘들게 뛰어다닐 필요도 없을 것이다! 핵심 스토리를 들려주는 게 자연스러워질 것이다. 그러고 나면 새로운 스토리를 추가하는 데도 능해질 것이다. 결국 여러분은 즉흥적으로 새로운 스토리를 추가하는 데도 능해질 것이다(내가 콜리어스의 영업사원들 앞에서 했듯이).

이는 자전거를 배우는 과정과 비슷하다. 처음에는 보조 바퀴가 필요하다. 이 책의 여러 사례가 바로 그런 용도다. 그러고 나면 자전거 타기의 기본을 알게 된다. 이게 바로 7단계다. 그리고 정말로 자전거를 잘 타게 되면 그때부터는 물구나무도 서고 앞바퀴를 들고 타기도 할 것이다. 11장은 바로 그런 용도다.

옵션을 제공하라

7단계는 여러분이 주된 고객 유형에 초점을 맞추도록 도와준다. 하지만 주된 유형이 아닌 두번째 유형의 고객은? 혹은 여러분이 전혀 다른 두 종류의 서비스를 판매하고 있다면? 하나는 가정용, 다른 하나는 상업용처럼 동일 상품이 두 가지 버전으로 나온다면? 그렇게 되면 한 가지 이상을 제안해야 하고, 당면한 상황에서는 어느 것이 적절한지 선택해야 한다.

예를 들어 여러분이 마케팅 컨설팅을 판매하는데 일대일 교육도 있고, 그룹 교육도 있다면? 정보는 비슷하겠으나 영업 과정이나 서비스 이행 과정은 상당히 다를 것이다. 일대일 교육이라면 정해진 기간 동안 자기 자신을 위해서 코칭이나 컨설팅 서비스를 구매하는 개인이 고객이 될 것이다. 그룹 교육이라면 본인 회사의 직원들을 위해 일회성으로 교육 서비스를 구매하는 사람이 고객이 될 것이다. 두 경우는 상품 측면, 직접적 연락의 양, 가격 측면 등에서 크게 차이가 날 테고, 여러분은 정확히 뭐가 다른지 명확하게 설명할 준비가 되어 있어야 한다. 당연히 두 가지의 서로 다른 접근법이 필요하다.

데릭이 겪고 있던 어려움 중의 하나는 오직 한 가지 유형의 고객에게 팔 수 있는 한 가지 유형의 상품밖에 가지고 있지 않다는 점이었다. 바로 고품질 대필 서비스 말이다. 물론 여기저기서 편집 작업도 맡아 했지만 그쪽의 영업을 위한 프로세스는 어떻게든 꾸려가고 있었다. 데릭은 자신의 가격을 감당할 수 없는 사람을 만났을 때는 대체 뭘 해야 할지 알 수가 없었다.

대필 이외의 서비스도 제공할 수 있었으나, 그걸 파는 방법을 몰랐다. 그래서 우리는 데릭이 영업에 대해 어느 정도 편안해진 다음, 그의 프로그램을 확장했다. 잠재고객이 대필 가격을 감당할 수 있는 사람이 아니라는 것을 알아챘을 때 대필 서비스 대신 코칭 서비스를 판매할 수 있도록 말이다. 이 년 만에 데릭은 여섯 명의 저자로부터 대필 이외의 서비스로 10만 달러에 가까운

수익을 올리고 있다.

여러분에게 상품 패키지가 오직 하나뿐이라면 스스로 자신을 상자에 가두는 셈이다.

슈퍼스타 대신 인트로버트

────

생산라인이 돌아가는 공장에서는 누가 기계를 운행하는지는 중요하지 않다. 똑같은 원료를 넣으면 똑같은 제품이 나올 것이기 때문이다.

그날 출근하는 사람이 누구인지도 중요하지 않다(당연히 그래야 한다). 누가 휴가를 갔건, 병가를 냈건 중요하지 않다. 기계 운전자가 동일한 프로세스를 따르는 한, 생산라인에서는 똑같은 일이 진행될 것이다.

영업도 마찬가지다. 적어도 가능은 하다.

나는 내가 관리하거나 채용하는 영업사원들에게 자체적인 판매법을 생각해내라고 하지 않는다. 나에게는 그들이 창의적일 필요가 없다. 외향적인 사람이 필요하지도 않다. 나는 그냥 '프로그램을 운영'할 수 있는 사람이 필요하다.

요즘 나는 거의 항상 내향적인 사람을 채용한다. 내향적인 사람에게는 없애야 할 나쁜 버릇이 없기 때문이다. 그들은 본인의 매력이나 대화 능력에 기댈 생각을 하지 않는다. 왜냐하면 보통은 자신이 그런 걸 갖고 있다고 믿지 않기 때문이다(물론 이는 사실이 아니다. 이들은 그냥 영업을 할 때 너무 초조해져서 그 초조함 밑에 원래의 성격이 묻히는 것뿐이다). 이들에게는 시스템이 필요하다.

반면에 이점도 있다. 이들은 세부 사항을 중시한다. 그렇기 때문에 서류 작업도 정확하게 하고 미팅중에 메모도 열심히 한다. 외향적인 사람들을 관리해본 경험이 있다면 저런 부분에서 자주 악몽이 되풀이된다는 걸 알 것이다. 내향적인 사람은 남의 말을 귀기울여 듣기 때문에 자연히 고객이 정말로 말하고자 하는 바에 초점을 잘 맞춘다.

앞서 보았듯이 우리 팀의 영업사원 한 명이 슬럼프에 빠졌을 때 내 첫 질문은 이것이었다. "대본대로 하셨어요?" 그러면 십중팔구는 그렇지 않았다. 자신감이 지나치게 커진 나머지, 몇몇 부분을 요약해버리거나 즉흥적으로 대처했다. 다시 말해 뭔가 바뀐 게 있었다. 이들이 다시 대본으로 돌아가면 매출도 다시 정상으로 돌아왔다.

어쩌면 이렇게 말할 사람도 있을지 모른다. "그렇지만, 매슈. 그렇게 되면 진정성 있고 진실하라고 했던 것과는 상반되지 않아요? 나에게 맞게 디자인된 영업 시스템을 다른 사람에게 따르라고 강요하는 것 아닌가요? '내 농담'과 '내 스토리'를 말하도록 시키는 것이잖아요?"

첫째, 여러분은 이미 여러분이 타깃으로 삼고 유치했던 고객을 통해 여러분의 프로세스가 효과가 있다는 사실을 증명했다. 이게 바로 기준점이다. 둘째, 검증된 프로세스에 의존할 수 있게 되면 영업자는 (여러분과 똑같이) 긴장을 풀고 자연스럽게 흐름을 따라갈 수 있다. 개별 실적을 걱정할 필요가 없기 때문에 오히려 진정성 있고 진실할 수 있다. 셋째, 자신만의 스토리가 아니라 회사 전체의 스토리를 활용할 수 있다. 경험이 거의 없는 영업자도 사실상 수십 년 치의 경험을 갖고 시작하는 것이나 마찬가지다.

콜리어스 영업팀의 세 사람이 네 배나 많은 약속을 잡고 대어를 낚게 된 것은 자신의 스토리만 활용한 결과는 아니었다. 그들은 세 명의 상사와 이야기를 나눴고 이들 상사의 상업용 부동산 중개 경험을 합치면 백 년이 넘었다. 콜리어스의 영업팀은 고객들이 가장 흔히 제기하는 반론들의 목록을 가지고 회사 설립자들을 만났고, 설립자들에게 똑같은 반론을 제기했으나 결국은 고객이 되어 성공적인 결과를 얻었던 잠재고객에 관한 스토리를 들려달라고 부탁했다. 영업팀이 실전에 나섰을 때는 "예전에 제 고객 한 분이……"라고 말하지 않고, "예전에 저희 고객 한 분이……"라고 하면서 스토리를 시작했다.

그렇다면 팀원들이 자신만의 실험을 시작해야 하는 것은 언제일까? 나라면 허용하지 않을 것이다. 여러분의 영업팀이 단 세 사람(더하기 여러분 자신)으로 구성되어 있다면, 세 사람이 동시에

서로 다른 실험을 할 경우 뭐가 효과가 있고 뭐는 효과가 없는지 기록해나가는 것은 불가능에 가깝다. 가장 실적이 좋은 팀원만이 새로운 것을 시도해야 한다(그리고 그 사람이 늘 여러분인 것이 가장 좋다). 만약 전원이 어느 스토리를 다른 스토리로 대체했는데 매출이 늘어난다면 그 스토리가 효과가 있다는 것을 알 수 있을 것이다.

공장의 생산라인과 마찬가지로 여러 운전자가 원할 때마다 전체 시스템을 마구 개조해서는 안 된다. 시스템은 하나, 프로세스도 하나여야 한다. 바로 여러분의 시스템, 여러분의 프로세스 말이다.

어쩌면 이렇게 하는 게 영업자를(나아가 직원 전체를) 기본적으로 믿지 못하는 것처럼 보일지도 모른다. 그러나 실제로는 품질 관리라고 봐야 한다. 여러분이 만약 영업팀을 책임지고 있다면 최종적으로 목이 날아갈 수 있는 사람도 여러분이다. 영업사원 한 명은 그냥 나가서 다른 직업을 찾아도 될지 모른다. 하지만 여러분이 사업주이거나 영업 매니저라면 여러분은 숫자를 내놔야 한다. 따라서 누가 운영하든 효과가 있는 프로세스를 만들어야 한다.

이게 영업 문화에 반한다는 것은 나도 안다. 그러나 슈퍼스타, 록 스타, 잘나가는 사람에게 의지해서는 안 된다. 영업이 공장의 생산라인이라면 저런 사람들은 통계적 예외다. 예외적으로 뛰어난 제품이 만들어지느냐는 중요하지 않다. 문제는 여러분의 영업 프로세스가 안정적이지 않다는 점이다. 그리고 한 명의 운전자가 계속해서 더 뛰어난 결과를 만들어낸다면 나머지 운전자는 생산라인을 최적으로 운전하지 못하고 있다는 뜻이다. 즉 한 명이 할 수 있다면 모두가 할 수 있어야 한다.

여러분의 직원 중에 슈퍼스타가 한 명 있다면, 그 사람은 여러분의 프로세스를 따르지 않은 것이니 그 직원을 해고해야 한다는 뜻이 아니다. 처음 영업 매니저가 됐을 때 나는 그런 유형의 사람들이 내놓는 영업 방법을 즐겼다. 그리고 그 사람들의 스토리와 기법을 일부 배우기도 했다. 나는 그 사람들을 이용해서 내 대본을 다듬어 팀 전체에 제공했다. 그럴 때 록 스타는 굳이 교육하려고 들지도 않았다. 얼마 지나지 않아 프로세스의 효과가 나타났다. 록 스타는 어떤 날에는 빛을 발했지만 전체를 보면 내향적인 사람들이 록 스타를 이겼다. 그러면 이내 록 스타가 내 사무실로 찾아와 이렇게 말하곤 했다. "저 말고 딴 사람들은 다 교육받고 있다는 그 대본이라는 게 대체 뭔가요?"

팀원들에게 대본을 주면 두 가지 일이 생긴다. 슈퍼스타는 여러분의 사무실로 찾아와서 '그 대본이라는 게' 뭔지 알고 싶어하거나 아니면 다른 직장을 찾을 것이다. 어느 쪽이 되든 여러분은 더이상 슈퍼스타에게 의존하지 않게 될 것이다. 여러분의 사업은 다각화될 것이고 안전해질 것이다.

남에게 당신의 사업을 넘겨주지 마라

대부분의 개인사업가나 기업의 경영자들은 영업을 싫어한다.
기업가들이 사업을 시작하는 것은 아이디어나 기술이 있어서
지, 영업에 대해 잘 알아서가 아니다. 기업의 경영자들이 사다리
의 윗단까지 올라가는 것은 어떤 다른 능력 때문이다. 영업을 전
문으로 하는 사람들은 보통 커미션으로 워낙 많은 돈을 벌기 때
문에 수입이 오히려 줄어들 월급쟁이가 되지는 않는다. '『포천』
선정 500대 기업'의 CEO들을 보면 영업으로 커리어를 시작한
사람은 거의 없다. 대부분은 엔지니어링이나 재무, 법률 같은 전
문 기술을 가지고 최고운영책임자COO나 최고재무책임자CFO까
지 올라갔다가 조타실을 넘겨받는다.

그런 만큼 회사의 최고위층에 있는 사람들은 영업을 '하고' 싶
어하지 않는다. 대기업들은 영업팀에 마법처럼 돈을 만들어내라고
맡긴다. 그러나 나는 의사결정자의 핵심 집단 밖에 있는 사람이
나 단체에 영업을 맡긴 후 큰 문제를 겪는 기업을 여럿 보았다.
대기업에서는 경영자들이 고객으로부터 동떨어져 시장이 바뀌
고 있음을 알려주는 중요한 대화나 초기 신호를 놓쳐버린다. 영
업이 문제되는 시기가 오면 이들은 대처할 수 있는 여건이 갖춰
져 있지 않다. 그래서 영업사원을 더 고용하거나 기존에 있는 영
업사원들에게 인센티브를 주려고 한다. 그들은 문제에 돈을 들

이부으면서 문제가 저절로 해결되길 막연히 바란다.

작은 회사들은 사정이 더하다. 많은 경우에 창업자가 가장 먼저 고용하는 사람 중 하나가 영업자이다. 창업자들은 얼른 영업이라는 문제에서 벗어나 자신이 잘하는 것에 집중하고 싶어한다. 그들은 영업자가 나가서 사업을 선전하고 자신들은 책상이나 작업대에 앉아서 '진짜 일'을 하려고 한다.

저렇게 할 생각은 꿈도 꾸지 마라!

그런 방식은 회사와 여러분의 안녕에 대한 주도권을 방금 만난 사람의 손에 맡겨버리는 꼴이다. 만약에 그들이 돈을 벌어들이는 방법을 안다면 그들은 여러분을 인질로 삼을 수도 있다. 그리고 계속해서 여러분의 매출과 고객의 유일한 공급자로 남는 대가로 더 큰 커미션을 요구할 수도 있다. 또한 이 모형에서는 여러분이 병목현상의 '병목'이 된다. 왜냐하면 그 영업 담당자는 여러분의 생산능력만큼만 팔 수 있기 때문이다.

그러나 여러분에게 영업 시스템이 있으면 기술적인 부분은 사람을 고용해서 여러분만큼 그 일을 잘하도록 교육하는 편이 더 쉬운 길이다. 기술적인 부분을 위해 사람을 고용하고 교육하는 방법을 배우면 여러분이 팔 수 있는 만큼 계속해서 생산능력을 늘려갈 수 있다. 여러분은 영업자도 고용할 수 있다. 무한대의 가능성이 펼쳐지는 것이다.

사업을 하는 내내 여러분이 주된 영업 담당자가 되라는 이야기가 아니다. 다만 여러분이 영업이라는 프로세스를 마스터할 때까지는 영업을 다른 사람에게 넘겨줘서는 안 된다는 이야기를 하고 있는 것이다. 그래야 여러분의 영업자가 여러분을 버리고 가버렸을 경우 대체할 사람을 찾을 때까지 여러분이 직접 나설 수 있다.

영업과 마케팅의 시너지 효과

────

데릭은 나를 위해 촬영해준 추천 영상에서 여전히 영업을 아주 잘하지는 못한다고 말했다. 그는 자신이 그냥 '괜찮은' 정도라고 했다(나는 데릭이 지나치게 겸손한 거라고 생각한다).

"하지만 괜찮은 마케팅에 괜찮은 영업을 더했더니…… 음, 고객들에게 청구하는 가격을 두 배로 올렸어요." 영상에서 데릭은 그렇게 말한다.

데릭의 경우처럼 여러분이 이미 훌륭한 마케팅 시스템을 갖고 있더라도 영업에 성공하며 배운 것들을 활용하면 마케팅도 더 개선할 수 있다. 내 경우를 예로 들어보자. 나는 나와의 협업을 통해 가장 큰 결과를 얻은 사람들이 누군지 들여다보기 전까지는 내가 컨설팅한 수많은 사람들이 내향적인 성격을 가졌는지 몰랐다. 하지만 그들이 스스로를 내향적으로 보는 것을 안 다음부터는 내향적인 사람들에게 당신도 빠르게 성장할 수 있다고 마케팅하기 시작했다. 처음부터 내가 내향적인 사람들을 도우려고 이 일을 시작한 것은 아니다. 하지만 내 마케팅에 반응하는 사람이 그들이라는 것을 아는 지금은 더 의도적으로 그들에게 직접적으로 호소할 수 있다.

효과가 있는 스토리를 찾았다면 그걸 마케팅에까지 활용하는 것이 합리적일 것이다. 그렇지 않은가? 광고, 웹 사이트 카피, 소셜 미디어, 다이렉트 메일, 그 외 사람들이 여러분을 찾을 수 있는 곳이라면 어디든지 말이다.

매체에 따라 여러분이 직접 이야기를 들려주는 것만큼 강력한 효과는 나지 않을 수도 있지만, 그냥 일반적인 1+1 쿠폰이나 '안전하고, 빠르고, 믿을 수 있게' 같은 똑같은 약속보다는 낫다.

실제로 고객을 잘 알수록 고객과 그들이 처한 상황에 더 직접적으로 호소할 수 있다. 데릭의 경우에는 미팅을 할 때마다 늘 듣는 이야기가 있었다. 잠재고객들은 컴퓨터 앞에 앉아서 워드 프로세서를 켜고 페이지 제일 위에 '제1장'이라고 쓴 다음 집필을 시작할 준비가 되면 그냥 그대로 얼어붙는다고 했다. 한 사람은 이렇게 말했다. "수년간의 경험이 갑자기 몽땅 사라져버린 것 같았어요. 컴퓨터 화면처럼 제 머릿속도 새하얘지더라고요." 이 같은 이야기를 여러 번 들은 데릭은 어떻게 했을까? 그는 이 스토리를 자신의 웹 사이트와 온라인 광고 도처에 사용하기 시작했다.

알렉스 머피가 계속해서 들었던 반론 중에는 "영상을 촬영해 봤으나 아무 도움이 안 되었다"는 내용이 있었다. 알렉스와 나는 이 문제를 의논했고(알렉스는 단독 영상 하나로는 효과가 없다면서 그 이유를 내게 설명해주었다) 이후 나는 알렉스의 브랜드 이미지를 '내러티브 전략가'로 새롭게 정의했다.

지금은 사람들이 '내러티브 전략가'가 뭐냐고 물으면 알렉스는 영상 하나 또는 단독 영상 캠페인이 효과가 없는 이유를 설명할 기회를 얻는다. 영상 마케팅은 시간과 매체에 따라 내러티브가 있어야 한다. 그래야 동일한 내러티브를 공유하는 여러 영상에 걸쳐 강력한 스토리를 만들 수 있다. 이렇게 설명하면 잠재고객은 알렉스가 어디서나 볼 수 있는 그렇고 그런 촬영 기사가 아니라, 훨씬 더 많은 일을 하는 사람임을 단박에 이해한다.

강력한 마케팅이 강력한 영업을 뒷받침하는 방법에 관해서는 앞서 짧은 사례들을 여러 번 소개했다. 하지만 이 주제를 더 깊이 파고들려면 내가 내 잠재고객들에게 사용하는 스토리 대본을 있는 그대로 공유하는 게 가장 잘 설명할 수 있는 방법일 것이다.

예를 하나 들어드릴게요.

웬디라는 고객은 캘리포니아에서 아동 및 성인 대상으로 중국어를 가르치는 분이었어요. 웬디가 갖고 있던 문제 중 하나는 개인 언어 수업에 시간당 50달러에서 80달러를 청구하기가 쉽지 않다는 점이었죠. 다른 주에서 캘리포니아로 이주해오는 언어 코치가 너무 많은데 그들은 첫번째 고객 성공담을 확보하려고 가격을 깎을 수 있는 데까지 깎아 수업료를 시간당 30달러에서 50달러밖에 받지 않았거든요. 웬디가 직원들한테 지급하는 돈보다 더 적은 금액이었죠.

또 지금은 우리가 글로벌 경제 속에 살다보니 웬디는 중국에서 온 사람들한테도 대처해야 했어요. 그 사람들은 시간당 10달러에서 15달러에 서비스를 제공하겠다고 생활정보지에 광고를 내고 있었으니까요. 웬디는 기존의 고객들을 뺏기고 있었고 새로운 고객을 확보하지도 못하고 있었습니다.

웬디는 저한테 이렇게 물었습니다. "이렇게 경쟁이 치열한 시장에서 제가 어떻게 경쟁해야 할까요? 제가 경쟁할 수 있는 거라고는 가격뿐인데요."

제가 말했습니다. "웬디, 가격으로 경쟁한다면 오로지 내리막길뿐입니다. 그렇게 되면 마지막 승자조차 실제로는 손해를 보겠지요. 왜냐하면 본인의 가치보다 한참 낮은 가격에 서비스를 제공해야 하니까요. 저는 차라리 전투 자체를 전적으로 피할 수 있게 도와드리고 싶습니다."

웬디가 그동안 가르쳤던 수백 명의 고객들을 살펴보았더니 그녀가 단순한 언어 강사 이상으로 도움을 주었던 사람은 두 명, 단 두 명뿐이었습니다.

웬디가 그들을 도와준 첫번째 것은 '관시關係, guanxi'의 개념을 이해하는 부분이었습니다. 처음에 저는 이 단어가 무슨 은하를 뜻하는 것인 줄 알았어요. 우주에 관한 이야기를 나눈 줄 알았죠. 하지만 실제로 이 단어는 라포르에 해당하는 중국어예요.

고객님과 제가 여기 미국에서 혹은 제 고향인 호주에서 미팅을 가진다고 한번 생각해보죠. 미팅이 끝날 때 저는 고객님에게 (만약에 제가 끔찍이도 영업을 못한다면) 저의 제품이나 서비스를 살 거냐고 물어보겠죠. 고객님이 생각해보겠다고 하면 저는 그다음 주에 고객님에게 전화를 걸 겁니다. 고객님이 여전히 생각해보고 싶다고 하면 그 계약이 성사될 가능성은 점점 낮아질 거라는 걸 우리 둘 다 압니다. 그렇죠?

(고객이 답할 수 있게 잠시 쉰다.)

중국에서는 저녁식사를 네다섯 번 한 후에야 비즈니스에 대해 얘기를 하려고 할 겁니다. 그 사람들은 아마 고객님이 가라오케에서 술 취한 모습도 한두 번 보고 싶어할 거예요.

(웃음소리가 나길 기다린다.)

이유는 이렇습니다. 일반적으로 중국인들은 서양인들처럼 12개월짜리, 14개월짜리 거래를 논의하지 않아요. 중국인들이 논의하는 건 50년짜리, 100년짜리 계약이죠.

그렇다면 이건 어지간한 사람들의 결혼생활이나 한평생보다도 더 긴 계약이 됩니다. 그러니 그들에게는 계약의 구체적인 조건들보다는 내가 함께 가게 될 이 사람이 어떤 사람인지 아는 게 더 중요해지는 거죠.

웬디가 도와주었던 두번째 것은 중국에서의 전자상거래와 서양에서의 전자상거래 사이의 차이점을 이해하는 부분이었고요.

세번째 것은 존중의 중요성이었습니다. 웬디는 중국어를 배우는 것도 좋지만, 적어도 영어의 악센트를 줄이려는 노력이라도 하지 않는다면 그건 무례한 것으로 비칠 테고, 중국에서 사업을 할 수 없을 거라는 걸 고객들이 이해할 수 있게 도왔어요. 중국인들은 우리가 정확히 그들처럼 발음하기를 기대하지는 않지만 적어도 노력은 하기를 기대한다는 거죠.

누군가 중국에서 명함을 건네줄 때도 마찬가지예요. 서양에서는 인맥 형성을 위한 행사장 같은 데서 명함을 받으면 사실 명함을 쳐다보지도 않아요. 그냥 주머니에 넣고 계속해서 수다를 떨죠. 그러다가 집에 도착해서 명함을 꺼내들고는 이렇게 말하죠. "이게 누구더라?" 그런데 중국에서는 명함을 손에 들고 있어야 해요. 소중하게 다루고, 쳐다보고, 뒤집어보고, 뒷면도 읽어보고, 마지막에서야 명함 지갑을 꺼내 거의 절을 하면서 명함을 명함 지갑에 넣죠. 그러고 나서 대화를 이어갑니다. 다시 말하지만, 이 모든 절차를 거치지 않는다면 무례한 행동이에요.

저도 얼마 전에 일렉트로룩스에서 강연을 하느라 방콕을 방문했다가 이런 태도를 직접 목격했습니다. 강연장에 100명이 넘는 임원들이 있었는데, 제가 그중 한 사람에게 명함을 건넬 때마다(수백, 수천 명의 직원을 거느린 사람들이죠) 제 명함을 들고 똑같이 그렇게 하더라고요.

웬디는 자신에게 중국어를 배우는 경영자들에게 이 세 가지 부분을 도와주고 있었고 그래서 제가 이렇게 말했습니다. "웬디, 당신은 단순한 언어 과외 선생님이 아니라 이 사람들을 위해서 훨씬 더 많은 일을 하고 있어요. 저한테 한번 말해보세요. 이 사람들을 위해서 당신이 하는 일이 뭔가요?"

웬디가 말하더군요. "무슨 말씀이세요? 별거 아닌 것들인데요. 도움이 되려는 것뿐이에요." 제가 말했습니다. "아뇨, 웬디. 웬디는 지금 본인의 기능적인 능력에 집착하고 있어요. 웬디가 이들 고객을 도와준 결과 이 사람들이 중국 생활을 더 성공적으로 할 수 있다고 봐도 될까요?"

웬디가 대답했습니다. "음, 네. 그러길 바라죠."

제가 말했습니다. "좋습니다. 그러면 이제 당신을 '중국 성공 코치'라고 부르면 어떨까요? 당신이 파는 상품은 '중국 성공 집중 강의'이고요."

경영자와 그 배우자 그리고 중국으로 건너갈 자녀까지도 함께 들을 수 있는 5주짜리 프로그램을 만들기로 했죠.

이 프로그램은 중국어를 가르치지 않았어요. 무엇보다 중국어 교육은 기성품처럼 보였거든요(그리고 웬디도 중국어 교육은 다른 사람들끼리 싸우게 내버려두는 편이 낫겠다는 데 동의했어요). 이 프로그램은 핵심 요소에만 초점을 맞췄어요. 경영자들이 중국으로 건너갔을 때 적응하는 방법을 웬디가 가르쳐주는 거죠.

그러면 이제 배우자와 자녀는 왜 포함되나 궁금하실 텐데요. 우리는 다들 사업하는 사람이잖아요. 더 많은 사람에게 무언가를 팔 수 있다는 건 더 많은 돈을 받을 수 있다는 뜻이죠. 하지만 두번째로 이 점을 한번 생각해보세요. 만약에 여러분이 경영자로서 중국에 발령을 받았는데 도착해보니 배우자와 자녀가 행복하지 않다면 끊임없이 집으로 불려가서 행복하지 않은 가족들 수발을 해야 할 거예요. 경영자로서 성공할 확률은 크게 줄어들겠죠. 그렇기 때문에 중국에 도착하면 가족 전체가 성공적으로 적응하는 게 아주 중요해요.

이 아이디어에 크게 만족한 웬디가 이렇게 묻더군요. "그러면 이 프로그램을 경영자들에게 판매할 방법을 알아봐야 하나요?"

제가 말했습니다. "아뇨. 한번 생각해보세요. 웬디의 고객은 누굴까요?"

웬디가 말했습니다. "아, 그러네요…… 기업이겠네요."

제가 말했습니다. "아니요. 웬디의 이상적인 고객은 이미 어딘가 다니고 있을 겁니다. 그러니 그들이 이미 접촉하고 있는 제3자와 협업하는 편이 더 쉬울 거예요. 이민 전문 변호사들 말이에요. 제가 처음에 미국에 왔을 때 비자를 받아야 했고요, 그다음에는 영주권을 받아야 했죠. 매번 이민 전문 변호사를 통해서 일을 처리했어요."

제가 말했습니다. "그들은 웬디가 만나고 싶은 모든 사람과 이미 관계를 맺고 있어요. 그러니 그들이 웬디의 이상적인 고객이에요."

그래서 우리는 이민 전문 변호사들을 찾아갔습니다. 비자 승인을 받는 데 필요한 서류들을 모두 준비하고 관공서에서 지체 없이 처리되는 것까지 다 챙기면서 2000달러에서 5000달러 정도의 수수료를 받는 사람들이죠. 우리는 그 변호사들한테 이렇게 말했어요. "중국으로 이주하는 경영자들을 저희한테 소개해주시고 저희 쪽으로 계약이 성사될 경우 3000달러의 커미션을 드리면 어떨까요?"

변호사들은 이렇게 말하더군요. "그 정도면 비자 발급을 대행해주고 비용 빼고 남는 돈보다도 더 크네요. 제가 뭐라고 말하면 되나요?"

저희가 말했습니다. "그냥 이렇게만 말하세요. '축하드립니다. 이제 중국에 가서 일하실 수 있게 됐네요. 혹시나 해서 한번 여쭤볼게요. 중국으로 건너가서 적응할 준비는 다 끝나셨나요?' 저쪽에서는 아마 이렇게 말하겠죠. '네, 덕분에 비자도 나왔고 중국어도 배웠어요. 실은 애들이 중국어를 꽤나 잘해요. 주택 계약도 마쳤고요. 준비는 잘된 거 같아요.' 저쪽에서 뭐라고 답하든 간에 이렇게 말씀하세요. '아뇨, 그거보다 준비하셔야 할 게 상당히 많을걸요. 중국 성공 코치랑 얘기를 한번 나눠보세요.' 이게 전부입니다."

그러고 나서 웬디가 받는 전화는 세상에서 가장 팔기 쉬운 영업 전화가 되는 거죠. 왜냐하면 그런 처지의 경영자들은 겁에 질려 있거든요. 저도 불과 얼마 전에 호주에서 미국으로 이주했는데 겁이 잔뜩 났어요. 그런데 언어조차 다른 곳으로 이주를 한다고 한번 상상해보세요.

기업들도 겁이 나기는 마찬가지였어요. 이들 경영자의 성공 혹은 실패에 따라 기업들은 수백만, 심하면 수십억 달러가 왔다 갔다했으니까요. 그래서 기업들은 이들 경영자가 중국에 도착해서 성공적으로 적응할 수 있게 돕는 일이라면 뭐든 다 하려고 했어요.

그래서 웬디는 이 5주짜리 프로그램에 3만 달러를 받고, 이민 전문 변호사에게 커미션 3000달러를 주고 나면 2만 7000달러를 벌었죠. 매일 시간당 50달러에서 80달러를 벌려고 싸울 필요도 없고, 세상에서 가장 쉬운 영업이었는데 말이에요. 이게 바로 강력하고 통일된 메시지의 힘이에요.

고객님도 본인만의 차별화 포인트가 무엇인지 살펴봐야 해요.

누구나 나만의 경험, 나만의 성장 배경, 나만의 과거 고객, 나만이 겪었던 교육 같은 것들이 있죠. 그런 것들 덕분에 누구나 특정 집단의 사람에게는 독특하고 아주 가치 있는 서비스를 제공할 수 있어요.

그 고객이 누구인지 발견하고 나면 통일된 메시지를 전하는 것은 어렵지 않죠.

웬디의 경우에는 그게 관시, 전자상거래, 존중 즉 중국에서의 성공이라는 수준 높은 혜택이었어요.

제 경우를 보면 저는 비즈니스 코치이자, 브랜드 전문가, 영업 전략가, 소셜 미디어 전문가죠. 저는 신경언어학적 프로그래밍 분야의 석사예요. 그밖에도 정말 많은 이름을 붙일 수 있지만 아무도 신경쓰지 않죠. 그러나 제가 '빠른 성장을 이끄는 사람'이라고 하면, 그래서 크고 작은 회사가 빠른 성장을 거둘 수 있게 돕는다고 하면, 이 메시지의 힘이 치열한 경쟁 시장에서도 제 목소리가 똑똑히 들리게 만드는 거지요.

영업과 마케팅이 공조하면 바로 이런 모습이 된다.

모든 준비는 끝났다

<hr>

자, 그러면 이제 영업이라는 게 어떤 순서로 진행되는지는 알았을 것이다. 그런데 내향적인 사람의 강점이 정확히 뭘까?

연민, 공감능력, 이해력, 몰입하여 들어줄 수 있는 능력, 철저한 준비 능력 같은 것들을 짐작했을지도 모르겠다. 이런 특징들이 장점이라는 사실은 결코 비밀이 아니다. 내향적인 사람이 타고난 이 자질들이 왜 유리한지를 강조해놓은 연구나 문헌은 수없이 많다.

내향적인 사람의 강점은 타고난 장점을 한곳에 초점을 맞춰서 체계적인 방식으로 동원하는 방법을 안다는 것이다. 저런 능력들은 원재료이고, 이 책은 촉매다. 이 두 가지를 제대로 활용한다면 영업 문외한이라도 판매왕으로 거듭날 수 있다.

이 책에 나오는 여러 기법과 전략, 프로세스로 무장한 여러분은 이제 그토록 찾아헤매던 유리한 고지를 발견했다. 밖에 나가 남들보다 더 많이 팔 수 있는 만반의 준비가 갖춰졌다.

데이비드 패러거트 제독이 언젠가 말했듯이, 그리고 내 아버지가 여러 번 말했듯이, "어뢰는 얼어죽을. 전속력으로 전진하라!"

독자에게

────

초등학교 때 나는 선생님께 변호사가 되고 싶다고 했다. 선생님은 이렇게 말했다. "기대치를 좀 현실적으로 가지렴."

나는 호주 크레이기번에서 자랐다. 우리 동네 사람들은 사업을 하지 않는다(혹시 한다고 해도 블루칼라다). 본인이 태어난 배경보다 더 잘되고 싶은 사람은 호주 사람들이 흔히 말하는 '키 큰 양귀비 신드롬'을 앓는다. 들판에 핀 양귀비 중에서 키가 제일 큰 놈이 잘리기 마련이다. 너무 열심히 노력하거나 너무 큰 꿈을 꾸는 것처럼 보이지 않는 편이 낫다.

영업 매니저로 승진한 나는 애들레이드로 발령을 받았다. 모임이 있어서 고향에 돌아간 어느 주말 동창을 하나 만났다. 한때는 학교에서 '잘나가던' 친구였다. 어떻게 사는지 서로 이야기를 나누던 중에 친구는 크레이기번의 한 공장에 취업했다고 했다.

친구가 말했다. "매슈, 잘했어. 너는 똑똑한 애였어. 어릴 때 나는 항상 그때그때 인생을 즐기는 데 초점을 맞춰야 한다고 생각했어. 미래에 대해서는 너무 걱정하지 않는 편이 좋다고 생각했지. 지금 나는 하루종일 용광로 앞에서 일해. 말도 못하게 더워. 나도 너처럼 열심히 노력해서 여기를 벗어나 뭔가를 스스로 이뤘다면 좋았을걸."

처음 듣는 얘기였다. '열심히 노력하는' 아이일 때 나는 늘 뭔가 바보 같은 기분이었다. 내가 학교에서 그렇게 많은 시간을 보냈던 이유는 내가 늘 남들보다 한참 뒤처졌기 때문이었다. 나는 열일곱 살에야 내가 얼렌증후군이라는 사실을 알게 됐다. 고등학교를 졸업할 때 나의 책 읽는 속도는 초등학교 6학년 수준이었다.

하지만 어쩌면 그게 축복이었는지도 모르겠다. 만약 내가 친구들과 같은 능력을 타고났다면 나 역시 현상 유지를 택하는 그들 중 한 사람이 됐을지도 모른다. 어쩌면 나는 장애가 있었기 때문에 예정되었던 것보다 오히려 더 나은 사람이 됐는지도 모른다. 나는 실패가 미래 성공의 씨앗을 뿌린다는 말을 자주 한다.

외향적인 사람들과 같은 능력을 타고나지 못한 내향적인 사람의 경우도 마찬가지라고 생각한다. 내향적인 사람은 다른 식으로 그걸 보상해야 한다…… 그러나 그런 추가적인 노력이 사실은 우리를 남보다 더 유리하게 만들어준다.

나에게 상황이 유리해 보였던 적은 한 번도 없다. 나는 언제나 필요에 의해 나만의 방식을 개발해야 했다. 한 예로 내가 첫 회사를 차리고 18개월이 됐을 때였다. 나는 친구들과 당구장에 있었는데 저쪽 반대편에 있던 남자 하나가 약에 취해서 날뛰기 시작했다. 그는 병을 깨서 나를 공격했고 내 얼굴 전면에 큰 상처를 냈다. 몇 밀리미터만 옆으로 비껴 맞았다면 나는 시력을 상실했을 것이다. 스물여섯 바늘을 꿰맸고 고통스러운 성형수술을 받으며 상처가 모두 낫는 데 오 년이 걸렸다. 이제 막 자신감을 키워가던 나에게 얼굴에 난 흉측한 흉터는 모든 걸 무위로 돌려버렸다.

이전에 나는 외골수에 여드름이 숭숭 난 순진한 고등학생처럼 보였다. 거짓말도 한마디 못할 것 같은 그런 청년 말이다. 그러나 흉터가 생긴 나는 이제 막 술집에서 싸움을 끝내고 나온 오토바이족처럼 보였다. 일 년이 지나도 흉터는 여전히 새것처럼 보였다. 회복 과정의 일환으로 의사들이 계속해서 상처를 다시 열어야 했기 때문이다.

이제 그런 모습으로는 자연스럽게 신뢰가 형성될 리 없었다. 나는 영업 프로세스를 전면적으로 새롭게 디자인해야 했다. 나에 대한 사람들의 '본능적인' 불신을 극복할 수 있도록 말이다(그렇게 해서 '직업적 신뢰 쌓기' 단계라는 게 생겼고 나중에는 이게 나의 전체 시스템의 일부가 됐다).

어찌어찌하여 내 방법은 성공했다.

나는 한 번도 꿈꿔보지 못한 만큼의 돈을 벌고 있었다. 제일 좋은 차를 타고, 제일 좋은 옷을 입고, 멜버른이 다 내려다보이는 어마어마하게 비싼 펜트하우스에 살았다. 멜버른에서 열렸던 연례 기업가상 수상식 단상에 올라 권위 있는 '젊은 기업가상'을 받고 있었다. 나는 성공했을 뿐만 아니라 남들도 모두 나를 성공한 사람으로 보았다. 나는 모든 걸 가졌었다. 꿈에 그리던 삶을 살고 있었다.

그날 내 펜트하우스로 돌아와 선반 위에 상을 올려놓던 때의 기분이 아직도 생생하다. 끔찍한 환멸이었다. 나는 뭔가를 더 해야겠다고 결심했다. 이후 몇 년간 나는 더 많은 회사를 차리고, 더 많은 돈을 벌고, 시장을 바꿔놓고, 더 많은 성공을 거뒀다. 하지만 뭘 해도 충분하지 않았다. 그 무엇도 내 영혼의 거대한 빈틈을 채워줄 수 없었다.

나는 잠시 휴식기를 갖기로 하고 전 세계를 여행했다. 뭔가를…… 발견하길 바랐다. 브라질에서 열리는 카니발에 참가하고, 캘리포니아에서 열리는 코첼라 록 페스티벌에서 파티를 즐겼다. 스페인 지브롤터 암벽에서 뛰어내리고, 스위스 알프스를 정처 없이 걸었다. 이구아수폭포 꼭대기에도 섰다. 마추픽추 유적이 내려다보이는 곳에서 하이킹을 했고, 스페인에서 황소들과 함께 달리기도 했다.

나는 세상을 헤매고 다니면서 내 영혼을 찾고 있었다. 그리고 뭔가를 발견했다.

내가 좇던 그 모든 '성공'은 사실 그런 걸 원해서가 아니었다.

실제로 나에게 중요했던 것은 자동차도, 펜트하우스도, 유명세도 아니었다. 내가 그 모든 걸 좇았던 이유는 내가 아무 가치 없는, 학습 장애를 가진 꼬마가 아니라는 사실을 세상에 증명하고 싶었기 때문이었다. 그리고 그걸 증명했음에도 나는 여전히 공허함을 느꼈다.

지난 경험을 돌아보며 내가 가장 충만함을 느꼈던 때가 언제인지 기억해냈다. 그 많은 경험 중에서도 폴러드 인스티튜트가 나를 가장 행복하게 만들었다. 자기 일을 잘하는 사람들이 자신감을 찾도록 도와서 본인이 하는 일을 자랑스럽게 또박또박 설명하게 만들고, 그 결과 고객은 그들의 진정한 가치에 맞는 돈을 지불하고, 이런 일이 계속해서 일어나게끔 시스템을 만들면, 이들의 삶은 획기적으로 달라졌다. 데릭 루이스나 알렉스 머피 같은 사람들이 나의 조언이 그들에게 미친 영향력을 증언해줄 때면 아직도 소름이 돋는다.

그게 내 사명이다. 꿈을 이루기 위해 힘겹게 노력하는 사람들이 자신이 좋아하는 일에서 빠른 성장을 이룰 수 있게 다리를 놓아주는 것 말이다.

감사의 글

나의 가장 든든한 치어리더인 데릭에게 감사합니다. 데릭은 이 프로세스를 내 머리 밖으로 끄집어내주었고, 나의 가장 가깝고도 신뢰할 수 있는 공모자가 되어주었으며, 보면 볼수록 감탄하게 되는 영혼의 소유자입니다.

내가 더 나은 사람이 되도록 격려를 아끼지 않았던 아버지께 감사합니다. 아버지는 늘 악역을 자처하면서 내가 세상에 대해 다시 생각해보게 하셨고, 내 사업을 시작할 수 있게 등 떠밀어주셨으며, 어려움이 예상되더라도 위험을 감수해보라고 말씀해주셨습니다.

내 마음의 버팀목인 어머니께 감사합니다. 어머니는 늘 내 편이 되어주셨고, 내가 내 장애에 대한 해법을 찾을 때까지 포기를 용납하지 않으셨으며 그로 인해 내 삶을 바꾸셨고, 내 안에 따뜻한 마음을 키워주셨습니다.

모두가 바랄 만한 누나가 되어준 첼시에게 감사합니다. 첼시는 지난 모든 여정에서 내 곁에 있어주었고, 친구가 되어주었으며, 여태까지 나를 참아주었습니다.

목요일 저녁마다 가족들이 모여 사업 이야기를 할 수 있게 해주고, 늘 내가 자랑스럽다고 말해준 그랜에게도 감사합니다.

가장 친한 친구이자 이 길을 나와 함께할 만큼 나를 사랑해주는 브리트니에게도 감사합니다.

누구도 보지 못하는 것을 보는 신디에게도 감사합니다. 신디는 일을 제대로 하게끔 나를 격려하고 세상의 모든 저자가 바랄 만한 에이전트가 되어주었습니다.

애머콤에서 이 책을 출판할 수 있게 도와준 팀에게도 감사합니다. 팀은 이 책이 세상에 존재하기도 전부터 이 책의 잠재력을 알아보았고, 내가 이 책을 끝낼 수 있을 거라고 믿어주었으며, 협업 정신으로 이 책을 훨씬 더 나은 책으로 만들어주었습니다.

자신들의 스토리를 쓸 수 있게 해주고, 함께 일하면서 내가 더 배우고 발전할 수 있게 해준 나의 고객들과 우리 영업팀 직원들에게도 감사합니다.

나를 믿고 함께 이 여정에 올라준 독자들에게도 감사합니다.

옮긴이 **이지연**

서울대학교 철학과를 졸업한 후 삼성전자 기획팀, 마케팅팀에서 일했다. 현재 전문 번역가로 활동중이다. 옮긴 책으로는 『돈의 심리학』 『룬샷』 『아이디어 불패의 법칙』 『인간 본성의 법칙』 『제로 투 원』 『위험한 과학책』 『아이디어 생산법』 『무기가 되는 스토리』 『만들어진 진실』 『빈곤을 착취하다』 『리더는 마지막에 먹는다』 『시작의 기술』 『평온』 『다크 사이드』 외 다수가 있다.

인트로버트 조용한 판매왕

초판 인쇄 2022년 9월 2일
초판 발행 2022년 9월 15일

지은이 매슈 폴러드, 데릭 루이스 | **옮긴이** 이지연
기획·책임편집 신기철 | **편집** 김유라 이자영 김봉곤 이희연
디자인 신선아 | **저작권** 박지영 형소진 이영은 김하림
마케팅 정민호 이숙재 박치우 한민아 이민경 안남영 김수현 정경주
브랜딩 함유지 함근아 김희숙 박민재 박진희 정승민
제작 강신은 김동욱 임현식 | **제작처** 천광인쇄사

펴낸곳 ㈜문학동네 | **펴낸이** 김소영
출판등록 1993년 10월 22일 제2003-000045호
주소 10881 경기도 파주시 회동길 210
전자우편 editor@munhak.com | **대표전화** 031)955-8888 | **팩스** 031)955-8855
문의전화 031)955-3578(마케팅) 031)955-1925(편집)
문학동네카페 http://cafe.naver.com/mhdn
인스타그램 @munhakdongne | **트위터** @munhakdongne
북클럽문학동네 http://bookclubmunhak.com

ISBN 978-89-546-9300-4 03320

www.munhak.com